Einfach studieren

Tipps und Tricks
rund ums Studium
und Studentenleben

Oldenbourg Verlag München

Abbildungen im Innenteil: Fotolia, Shutterstock

Bibliografische Information der Deutschen Nationalbibliothek

Die Deutsche Nationalbibliothek verzeichnet diese Publikation in der Deutschen Nationalbibliografie; detaillierte bibliografische Daten sind im Internet über http://dnb.d-nb.de abrufbar.

© 2012 Oldenbourg Wissenschaftsverlag GmbH
Rosenheimer Straße 145, D-81671 München
Telefon: (089) 45051-0
www.oldenbourg-verlag.de

Konzept und Redaktion: Sylvia Rein, rein&kunow, München; Jenny Curths, Oldenbourg Verlag
Herstellung: Constanze Müller
Titelbild: thinkstockphotos.com, Getty Images, iStockphoto, Shutterstock
Gestaltung Nicola Neubauer
Einbandgestaltung: hauser lacour
Gesamtherstellung: Books on Demand GmbH, Norderstedt

Dieses Papier ist alterungsbeständig nach DIN/ISO 9706.

ISBN   978-3-486-71852-2
eISBN   978-3-486-71857-7

Inhalt

1 Du

Jeder Mensch hat Talente, Neigungen, Fähigkeiten und Visionen – das macht seine persönliche Stärke aus. Wer diese Ressourcen richtig nutzt, kommt schneller und erfolgreicher durchs Studium. Deshalb: Mach dir doch anhand der folgenden Fragen einmal ein paar Gedanken über dich. Viel Spaß dabei!

1.1 Was kannst du?

Auch wenn ältere Studierende dich manchmal daran zweifeln lassen: **Du kannst doch schon einiges!** Und an der Hochschule kommt es darauf an, dass du deine Fähigkeiten optimal nutzt.

Versuche, die **folgenden 15 Fragen zu beantworten, am besten immer mit ein paar konkreten Beispielen.** Es geht um deine persönliche Kompetenz, beispielsweise deine Stärken und Talente, sowie um deine soziale Kompetenz, also darum, wie du dich gegenüber anderen verhältst. Und nicht zuletzt betreffen die Fragen deine methodische Kompetenz, beispielsweise Techniken, um Aufgaben oder Probleme zu meistern.

Lass verschiedene Situationen aus der Vergangenheit vor deinem geistigen Auge Revue passieren und antworte so, wie es deinem Gefühl entspricht. **Bewerte oder zensiere dich nicht** – es geht hier einfach nur darum, dass du einmal alles sammelst und dir auf diese Weise **deine Ressourcen bewusst machst.**

Übrigens kann es sein, dass dir die eine oder andere Frage später in einem **Vorstellungsgespräch** begegnet und auch ein Personaler möchte unbedingt Beispiele für eine Behauptung hören …

Persönliche Kompetenz

1. Was mag ich an mir besonders?

2. Was mögen andere an mir?

3. Wo liegen meine Stärken? Also: Was gelingt mir gut? Was konnte ich schon in meiner Kindheit und/oder Jugend besonders gut? Oder: Was mache ich besonders gerne?

4. Denke ich über das, was ich tue, nach und lerne ich aus meinen Fehlern?

5. Welche Werte sind mir wichtig, durch welche Aktivitäten lebe ich sie?

Soziale Kompetenz

6. Fühle ich mich in Gruppen wohl? Bin ich eher ein Teamplayer oder ein Einzelkämpfer? Woran merke ich das?

7. Kann ich leicht Kontakt zu unbekannten Menschen knüpfen? Also: Spreche ich sie auch mal an und unterhalte mich mit ihnen?

8. Kann ich mich gut und verständlich mündlich und schriftlich ausdrücken? Diskutiere ich in Gruppen aktiv mit?

9. Kann ich andere motivieren? Also: überzeugen, begeistern, zum Tun anregen?

10. Kann ich aktiv Konflikte austragen oder führen viele Diskussionen zum Streit?

Methodische Kompetenz

11. Verzettele ich mich häufig oder verschiebe Dinge immer wieder? Oder bin ich gut organisiert und gehe Aufgaben frühzeitig an?

12. Wenn ich etwas erreichen will: Setze ich Prioritäten und konkrete Ziele?

13. Kann ich eine Aufgabenstellung/ein Thema in ihre/seine Bestandteile zerlegen und systematisch bearbeiten?

14. Wie leicht/schwer fiel mir bisher das Lernen? Habe ich gelernt zu lernen?

15. Bin ich ein langsamer/schneller Leser? Vergesse ich das Gelesene schnell?

1.2   Was willst du?

Für ein Studium hast du dich ja schon entschieden. Aber wie soll dein Dasein z. B. als Ingenieur oder BWLer mal aussehen? Wenn du eine **Vorstellung von deiner Zukunft** hast, kannst du Weichen stellen und merkst schneller, wenn es nicht der richtige Weg ist. Oder das falsche Ziel. Beantworte folgende Fragen:

1. Wovon träume ich?
2. Was gehört für mich zu einem guten Leben?
3. Wie wichtig ist mir Geld?
4. Wie wichtig ist es mir, eine eigene Familie zu haben?
5. Wenn ich 80 Jahre alt bin, was möchte ich dann über mein Leben sagen?

Unser Tipp: Wenn du leicht mal an dir zweifelst, ist ein sog. **Erfolgstagebuch** hilfreich: Schreib etwa vier Wochen lang täglich einen Satz auf, am besten vor dem Schlafengehen: **Was ist dir heute besonders gut gelungen, was hat dir besonders viel Spaß gemacht oder wofür hat dich jemand gelobt?** Klingt banal, führt aber dazu – wenn du es regelmäßig machst –, dass du Erfolg bewusster erlebst. Und das wiederum bestärkt und motiviert dich.

2 Das Studium organisieren

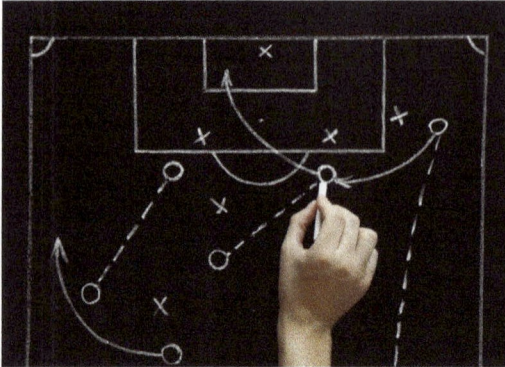

Vorlesungen besuchen, lernen, gute Noten schreiben und darüber nicht Freunde, Familie, Partner, Gesundheit und Hobbys vergessen – das ist viel mehr als später im Berufsleben! Deshalb leiden oft das Studium oder die Gesundheit darunter. Was kannst du tun, damit es nicht so weit kommt? Planen!

Die drei größten Fehler
1. Zu viel auf einmal machen (wollen)
2. Pflicht- und andere wichtige Termine und Fristen versäumen
3. Mit wissenschaftlichen Arbeiten oder der Prüfungsvorbereitung zu spät anfangen

Das raten Professoren und Dozenten

Prof. Dr. Dorothea Alewell, Universität Hamburg:

„Gerade das Schreiben von Abschlussarbeiten kann tiefgreifende Erkenntnis- und Lernprozesse in Gang setzen und **Studierende verunsichern**: Da müssen gewohnte Denkmuster in Frage gestellt und neue Sichtweisen entwickelt werden. Studierende sollten den dafür nötigen Zeit- und Kraftaufwand nicht unterschätzen und am besten **zahlreiche Puffer und Erholungsphasen** einplanen."

Prof. Dr. Gustav Vogt, HTW des Saarlandes:
„Erfolgreiches Studieren setzt eine effiziente Arbeitstechnik voraus: Die Studierenden sollten den **Vorlesungsstoff zeitnah und systematisch nacharbeiten**, bei schwierigen Sachverhalten auch in Partner- oder Teamarbeit. Ich empfehle, an wissenschaftliche Ausarbeitungen (Referate, Bachelor- bzw. Masterthesis) **frühzeitig und kontinuierlich** heranzugehen. Viele Studierende unterschätzen den Aufwand für Literaturbeschaffung/-recherche, Abfassung und Überarbeitung.“

Prof. Dr. Heiko Burchert, FH Bielefeld:
„Das Studium ist eine Lebensphase, die von sehr viel Arbeit geprägt ist. Studierende sollten dieses Arbeiten – im Studium oder im Job – gut organisieren, denn es bedarf auch der Zeit für Erholung: **Ohne Erholung keine optimalen Arbeitsergebnisse**, z. B. Noten für Leistungen im Studium. Prüfungsvorbereitungen sollten langfristig angegangen werden, denn mit Sicherheit wird genau in der Nacht vor einer bestimmten Prüfung genau die Party stattfinden, zu der man immer schon hingehen wollte. Plant man nicht langfristig, kann die Nacht vor der Prüfung als zwingender Vorbereitungszeitraum entfallen!“

2.1   Was ist dir wichtig?

Das Leben eines Studierenden besteht in den meisten Fällen aus den Bereichen **Studium, Geld verdienen, Gesundheit, Familie, Freunde, Hobbys, Sinn und Werte**. Überall gleich viel aktiv zu sein, geht nicht, der Tag hat nur 24 Stunden.

Der erste Schritt zur individuellen Planung ist daher, sich zu fragen: Was ist mir wichtig?

Übung: Mein Leben – was ist für mich wichtig?
Schreibe in die Mitte eine Blatts Papier „Ich“. Darum herum malst du Kreise: Für jeden Lebensbereich einen, aber in unterschiedlichen Größen – je nachdem, wie wichtig er dir ist. Das kann z. B. wie in der folgenden Abbildung aussehen.

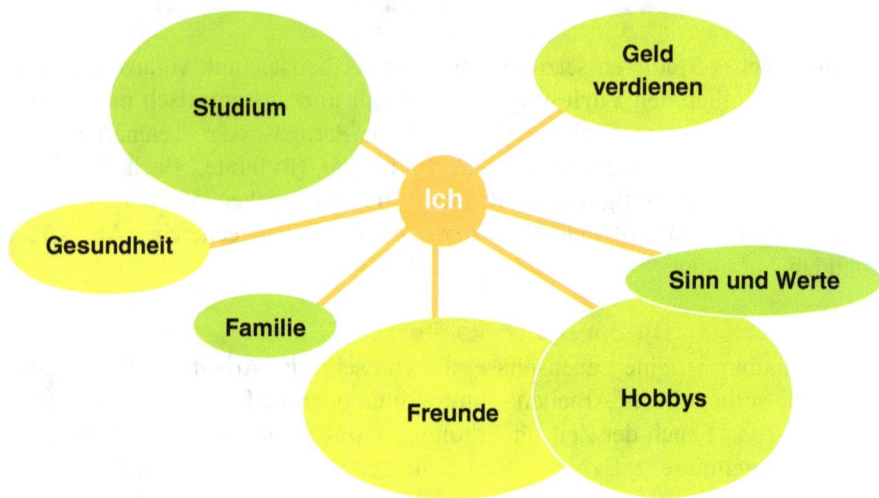

Persönliche Gewichtung der Lebensbereiche

2.2   Wie viel Zeit musst du aufwenden?

Meist schreibt die Studien- und Prüfungsordnung vor, **welche und wie viele Semesterstunden, Arbeiten und Prüfungen du bewältigen musst.** Deshalb frage dich zunächst für den Bereich „Studium", aber dann auch für alle anderen Bereiche: **Wie viel Zeit muss ich dafür aufwenden, d. h. welche Verpflichtungen habe ich und was will ich selbst unbedingt machen?** Einige der unten stehenden Fragen werden Studienanfänger noch nicht beantworten können, da sie auf Erfahrung beruhen. Frage andere Studierende oder lies die Anregungen in den nächsten Kapiteln, etwa zur Zeitplanung und zum Lernen. Und überprüfe etwa dreimal im Semester, ob du deine Zeitplanung verbessern kannst.

Studium

Nimm deinen Semesterstundenplan zur Hand und beantworte folgende Fragen. In einem ersten Schritt geht es nur um eine ungefähre Schätzung. Pro Woche:

- Wie viele **Veranstaltungen** à wie viel Stunden muss/möchte ich besuchen?
- Wie viel Zeit brauche ich für die **Nachbereitung**?
- Wie viel Zeit brauche ich für **Lerngruppen**?

Andere Lebensbereiche

- Reicht das Geld von Eltern/BAföG/Studienkredit oder wie viel muss ich dazu**verdienen?** (s. Kapitel „Alle Einnahmequellen nutzen") Wie viel Zeit habe ich dafür **übrig?**

- Wie oft möchte ich **Freunde** und/oder meine **Familie** sehen? Welche Verpflichtungen habe ich und wie viel Zeit kostet mich das?

- Auf welche **Hobbys** möchte ich nicht verzichten, weil sie mir gut tun? Wie viel Zeit brauche ich dafür?

- Welche **Fertigkeiten** möchte ich mir neben dem Studium aneignen? Wie viel Zeit brauche ich dafür?

- An welchen Abenden/Tagen möchte ich gar **keine Verpflichtungen** haben?

- Welchen **Sport** oder welche **Entspannungstechnik** möchte ich ausüben und wie viel Zeit brauche ich dafür? Wie viel **Schlaf** brauche ich?

In der gleichen Weise gehst du alle Lebensbereiche durch, die dir wichtig sind.

Übung: Meine Lebensbereiche – wie viel Zeit?

Male nochmals das Bild vom Anfang des Kapitels, aber dieses Mal so, wie es den Zeitaufwänden entspricht. Wie sehen die Kreise jetzt aus? Vermutlich werden Bereiche größer ausfallen, manche kleiner oder fast verschwinden.

Monats- und Semesterplan zur Übersicht

Jetzt erweitere den Blick noch auf das Semester: Wann sind **Prüfungen,** wann muss ich mit der **Vorbereitung** beginnen? Wann sind **Arbeiten** zu schreiben, wann muss ich damit anfangen? (siehe nächstes Kapitel). Wann will/muss ich ein **Praktikum**, Auslandssemester usw. machen? Jetzt kannst du einen Monats- und Semesterplan erstellen, indem du in einem Kalender **alle Verpflichtungen** einträgst: an der Hochschule, für Nachbereitung, Lerngruppen, Prüfungsvorbereitung und Arbeiten sowie für Hobbys, Freunde, Familie usw.

Unser Tipp: Erfahrene Projektmanager sagen, dass man Pläne nur mache, um sie zu ändern. Das heißt: **Ein solcher Plan gibt dir das gute Gefühl, den Überblick zu behalten** – er muss nicht akribisch eingehalten werden, vielmehr gilt es, ihn und dein Verhalten ständig deinen Ergebnissen anzupassen.

2.3   Lern- und Arbeitspläne erstellen

Beispiele: Kontinuierlich und rechtzeitig

Sebastian, 10. Semester Maschinenbau:
„Ich habe **nie eine Lerngruppe** mitgemacht, weil ich beim Lernen meine Ruhe haben will und selbst bestimmen möchte, wann, wo und wie ich lerne. Aber gut, das hat mich **ein Semester gekostet**. Denn so ganz alleine fehlt schon der Druck oder die Motivation regelmäßig und frühzeitig zu lernen. Besonders im Grundstudium, wo man sich seine Fächer noch nicht aussuchen kann, sondern viele Grundlagen vermittelt bekommt. Ich habe dann **erst einen Monat vor den Prüfungen** angefangen zu lernen. Das war natürlich zu kurz und prompt habe ich über die Hälfte der Prüfungen **nicht bestanden** und musste sie wiederholen."

Carina, 10. Semester Physik:
„Einen Lernplan für die Prüfungsvorbereitung habe ich nie gemacht. Für mich war es wichtig, schon unterm Jahr meine **Veranstaltungen nachzubereiten**. Es gab da so kleine Aufgaben, da bekam man einen Bonus, wenn man sie gelöst hat. Viele haben einfach abgeschrieben. Da habe ich mich mal nicht von dieser Coolness beeindrucken lassen, und habe die Aufgaben selbst gemacht. Beim Lernen auf die Prüfungen musste ich dann **einfach nicht mehr bei Null anfangen**. Das nimmt den Stress ein bisschen raus."

Die Erfahrungsberichte der Studierenden zeigen: Auch wenn es dir widerstrebt – du musst einen Weg finden, alles rechtzeitig auf die Reihe zu bekommen.

Unser Tipp: Vier Dinge sind wichtig, um deinen Lernerfolg zu organisieren:
1. **Bereite** Vorlesungen, Seminare und Übungen **kontinuierlich nach**.
2. Verschaffe dir gleich zu Beginn des Studiums bzw. Semesters einen Überblick über alle **wichtigen Termine** und **Anmeldefristen**.
3. Erstelle einen guten **Zeitplan für Prüfungen** und **wissenschaftliche Arbeiten**, den du auch einhältst.
4. **Plane Praktika**, Auslandssemestern o.Ä. rechtzeitig (also auch zu Beginn des Studiums) ein.

Pläne für Arbeiten

Für die Erstellung von wissenschaftlichen Arbeiten empfehlen wir folgende Faustregel: **ein Drittel** der Zeit für alle Tätigkeiten bis zur **Grobgliederung**, **ein Drittel** bis zur **Detailgliederung**, **ein Drittel** für **Ausarbeitung und Abgabe** (siehe die folgende Abbildung). Das mittlere Drittel kommt dir viel vor und das letzte Drittel hingegen wenig? Doch, das ist so, denn: Je besser und intensiver du die „Vorarbeiten" erledigst, desto schneller geht das eigentliche Schreiben.

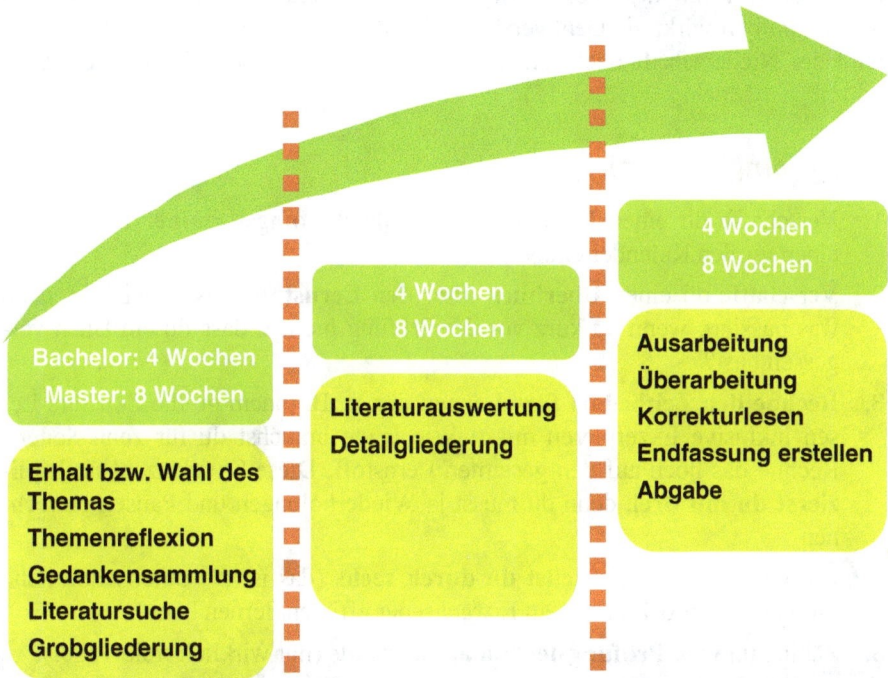

Bachelor: 4 Wochen
Master: 8 Wochen

Erhalt bzw. Wahl des Themas
Themenreflexion
Gedankensammlung
Literatursuche
Grobgliederung

4 Wochen
8 Wochen

Literaturauswertung
Detailgliederung

4 Wochen
8 Wochen

Ausarbeitung
Überarbeitung
Korrekturlesen
Endfassung erstellen
Abgabe

Beispiel für eine dreimonatige Bachelorarbeit und eine sechsmonatige Masterarbeit (nach: Burchert, Heiko/Sohr, Sven: Praxis des wissenschaftlichen Arbeitens, München 2008, S. 22)

Prof. Dr. Thomas Plümper warnt in seinem Buch *Effizient schreiben* eindringlich: „[…] wenn der Schreibprozess zu früh beginnt, dann verläuft die Arbeit später zäh und wird mit einem unbefriedigenden Ergebnis abgeschlossen. Um dies zu vermeiden, steht am Anfang der Denkprozess, die Idee, am besten selbstverständlich die gute Idee. [...] Zum Glück existiert ein einfaches Kriterium für die richtige Wahl des Zeitpunktes, an dem die Niederschrift beginnt: **Wenn Sie Ihr zentrales Argument gleichermaßen gut in drei Sätzen, auf zwei Seiten und in einem viertelstündigen Monolog vermitteln können,** dann, aber erst dann, können Sie sich langsam an den Computer setzen und das Schreibprogramm aufrufen. [...] Auch wenn Sie das vielleicht glauben: Sie schließen Ihre Arbeit auf keinen Fall umso früher ab, je eher Sie die Niederschrift beginnen. [...] Beginnen Sie dann mit dem Schreiben, wenn Sie Ihren Denkprozess zwar nicht vollständig, aber doch weitgehend abgeschlossen haben. Schreiben wirkt als Denkverstärker [...]. Einiges werden Sie deshalb während der Niederschrift noch lernen und ändern." (Plümper, Thomas: Effizient schreiben, München 2012, S. 15)

Einen Lernplan erstellen

1. Verschaffe dir einen **Überblick über alle Prüfungstermine**. Trage sie in einen großen Kalender ein.

2. Verschaffe dir einen **Überblick über den Lernstoff**. Das ist wichtig, denn was passiert, wenn du kurz vor der Prüfung merkst, dass du ein Buch vergessen hast?

3. **Rechne den Zeitbedarf fürs Lernen aus**, z. B. indem du die Zeit fürs Lesen inklusive Exzerpieren misst: Wie lange brauchst du für zehn Seiten? Rechne das hoch auf den gesamten Lernstoff. Diese Stundenzahl **multiplizierst du mit drei**, denn du musst ja Wiederholungen und Pausen einrechnen.

4. Die neue Stundenzahl **teilst du durch sechs** (das ist die durchschnittliche Stundenzahl pro Tag, die ein Erwachsener effizient lernen kann).

5. Zähle nun **vom Prüfungstermin ab** rückwärts (nur wirklich freie Tage!).

6. **Schlage noch eine Woche dazu** – das ist dann deine letzte Woche vor der Prüfung für Wiederholung oder Unvorhergesehenes.

7. Markiere die **Termine und die Tage im Kalender** und hänge ihn gut sichtbar in deinem Zimmer auf. Und nicht zuletzt: Richte dich danach!

Themenvertiefung

Auf unserer Website und in unserem Newsletter findest du in den nächsten Wochen und Monaten u. a. mehr zu folgenden Themen:
– Die wissenschaftlichen Arbeit – was muss ich bis wann machen?
– Auslandssemester einplanen und realisieren
– Prüfungsstress und Prüfungsangst in den Griff bekommen
Den Newsletter kannst du abonnieren unter:
www.oldenbourg-verlag.de und www.akademie-verlag.de

3 Wissenschaftliches Arbeiten

Tage- und nächtelang gelernt und trotzdem eine schlechte Note in der Prüfung bekommen? Oder: Bei deiner Hausarbeit voll am Thema vorbei geschrieben? Ohne die Techniken der Aneignung, Reproduktion und Produktion von Wissen kommt keiner durchs Studium.

Die drei größten Fehler
1. Alles raus-/mitschreiben und ellenlange Exzerpte erstellen
2. Ineffizient lernen
3. Die Anforderungen ans wissenschaftliche Arbeiten nicht beachten

Das raten Professoren und Dozenten

Prof. Dr. Heiko Burchert, FH Bielefeld:

„Ich rate Studierenden, sich bei einer wissenschaftlichen Arbeit **zunächst auf das Suchen und Formulieren des Zieles zu konzentrieren.** Fragen Sie sich: Welches Problem möchte ich eigentlich lösen? Die nächsten Herausforderungen sind: recherchieren, lesen und identifizieren dessen, was man für seine Argumentation benötigt. Viele verlieren dabei ihr Ziel aus den Augen und lassen sich von den Gedanken anderer Autoren verunsichern. Aber jeder Autor verfolgt ja ein ganz eigenes Ziel. Deshalb gilt: Alles, was man recherchiert, liest und nutzt, **dient dazu, die eigenen Überlegungen zu stützen, um das eigene Ziel zu erreichen.**"

Prof. Dr. Dorothea Alewell, Universität Hamburg:
„Der häufigste Fehler von Studierenden beim wissenschaftlichen Arbeiten ist, dass sie keine **kritisch-reflektierende Grundhaltung** einnehmen, bei der sie systematisch und nüchtern Argumente in jede Richtung abwägen und **Aussagen hinterfragen**. Dies gilt gerade für Themen, die für sie emotional besetzt sind, z. B. durch eigene Erfahrungen oder politische Auseinandersetzungen."

Dr. Sven Sohr, Leiter SENSOR Institut für ZukunftsCoaching und Positive Psychologie, Berlin:
„Die **Qualität einer Arbeit** ist meistens schon beim Blick auf die **Gliederung** vorauszusagen. Ich freue mich bei der Begutachtung außerdem schon, wenn Studierende Kommata (richtig) setzen und ihre Literaturliste alphabetisch sortieren. Ich wünsche allen Studierenden, **grundlegende Dinge einmal richtig gelernt zu haben**. Sie sollten im ersten Semester wissenschaftliches Arbeiten trainieren, damit die nächste Hausarbeit nicht erst die Examensarbeit wird."

3.1 Lesen, exzerpieren, visualisieren

Einige grundlegende Techniken solltest du lernen und einüben. Einen Überblick gibt dir das Buch *Praxis des wissenschaftlichen Arbeitens* von Prof. Dr. Heiko Burchert und Dr. Sven Sohr. Wir stellen dir wichtige Punkte daraus vor.

3.1.1 Lesen

Studierende müssen Unmengen von Texten lesen. Burchert/Sohr empfehlen:

„Mit relativ einfachen Strategien ist es möglich, die eigene Lesegeschwindigkeit zu erhöhen. Man sollte diese Strategien kennen und sie während des gesamten Studiums trainieren, um es zur ‚persönlichen Meisterschaft' zu bringen. Damit meinen wir die **Entwicklung einer Geschwindigkeit, die den eigenen Talenten entspricht, ohne dass dieses Tempo zu einer entscheidenden Beeinträchtigung der Lesequalität führt**. [...] Das Geheimnis ist relativ einfach: ‚Normale' Leser hangeln sich von Wort zu Wort [...]. Der Profi jedoch ist fähig, sich von Schlüsselwort (keyword) zu Schlüsselwort zu hangeln und den Text so zu überfliegen." (Burchert/Sohr, 2008, S. 55)

Die Lesegeschwindigkeit untrainierter Erwachsener bei wissenschaftlicher Fachliteratur beträgt 130 bis 180 Wörter pro Minute (W/min). Ein **geübter Leser** kommt auf **200 bis 300 W/min.** Lernen kann man das in Kursen: an Hochschulen, der VHS oder mit einer guten Lesetraining-App. Und natürlich durch Üben.

3.1.2 Exzerpieren

Du musst das Wichtigste schriftlich notieren, damit du es für die Prüfungsvorbereitung oder eine wissenschaftliche Arbeit wiederfinden kannst. Außerdem **fördert das Aufschreiben den Verstehensprozess.** Das gilt übrigens auch für Seminare oder Vorlesungsskripte.

Markieren

Eine Methode ist das **farbige Markieren oder Unterstreichen** beim Lesen. Im strengen Sinne ist das noch kein Exzerpieren, für viele ist es jedoch die Vorstufe dazu. Folgendes gilt hier zu beachten:

- **Weniger ist mehr!** Markiere nur die wirklich wichtigen Wörter oder Satzteile! Denn der Text soll hinterher nicht so aussehen, dass nur noch die nicht markierten Teile ins Auge springen.
- Arbeite mit höchstens drei Farben, z. B. Rot für besonders Wichtiges, Grün für Definitionen und Blau für Beispiele.

Randbemerkungen formulieren

Für die wichtigsten Absätze formulierst du Stichpunkte, welche die Kernaussage auf den Punkt bringen. Die Randbemerkung kann den Absatz **inhaltlich zusammenfassen** oder in **logischer** (in diesem Fall: formaler) Hinsicht einordnen.

Beispiel für eine Randbemerkung

„Ein Text schließt mit den Worten ‚Die take-home-message unserer Ausführungen lautet: Exzerpieren ist erfolgreicher als alle Alternativen, um einen Text nachhaltig zu erschließen.' Die **inhaltlich orientierte** Randbemerkung könnte lauten ‚Exzerpieren als Königsweg'. Im Falle des **logischen Gliederns** […] könnten wir das Wort ‚Zusammenfassung' am Rande notieren." (Burchert/Sohr, 2008, S. 62)

Paraphrasieren

Dies ist die eigentliche Technik des Exzerpierens: „**Notieren Sie Absatz für Absatz zunächst das Thema des Absatzes** (also: Wovon handelt er?). Notieren Sie dann möglichst in eigenen Worten, welche **Aussagen** zu diesem Thema gemacht werden. Das Wichtigste wird **mit eigenen Worten** zusammengefasst (paraphrasiert). Definitionen und besonders prägnante Aussagen werden i. d. R. wörtlich übernommen (zitiert). [...] Ein Exzerpt ist dann gelungen, wenn Sie es ohne den Originaltext für die weitere Arbeit verwenden können!" (Burchert/Sohr, 2008, S. 63). Die Autoren empfehlen, keine losen Blätter oder Hefte zu verwenden, sondern die gute alte Methode der **Karteikarten**. Aber es geht auch papierlos: Wer ohnehin viel Literatur am PC auswertet, kann gleich **elektronische „Karteikarten"** erstellen. Es empfiehlt sich in beiden Fällen, entweder **nach Verfassern** oder bestimmten **Themen** zu sortieren.

3.1.3 Visualisieren

Fremde und eigene Texte zu visualisieren, **unterstützt das Behalten und das Verstehen** – so zeigen es zahlreiche Studien. Deshalb solltest du als Studierender davon Gebrauch machen. Visualisieren umfasst alle Techniken, bei denen Bildhaftes eingesetzt wird: **einfache Zahlen-Infografiken** (Säulen-, Balken-, Torten-, Kurvendiagramme), **komplexere Schaubilder** (wie sog. Flussdiagramme, in denen Vorgänge abgebildet werden), auch Netzwerk-Diagramme genannt, **Mind Maps** und **Fotos** oder Zeichnungen. Zwei wichtige Techniken stellen wir dir genauer vor.

Netzwerk-Technik

Eine Netzwerk-Grafik entsteht, wenn du einen Text in die Form einer schematischen Darstellung bringst. Bei der Technik werden Beziehungen und Zusammenhänge hervorgehoben: Notiere die **zentralen Begriffe** und umrahme sie mit **Vierecken oder Ovalen**. Dann stelle die **Relationen** zwischen den Begriffen her, z. B. Linien und **Pfeilen**, die auch beschriftet sein können (z. B. „ist Teil von" oder „führt zu"). Ein **Beispiel** für eine Netzwerk-Grafik ist die Abbildung „Die acht Phasen einer wissenschaftlichen Arbeit" im Kapitel „Wissenschaftliche Arbeiten schreiben".

Mindmap-Methode

Weit verbreitet ist mittlerweile die Technik des Mindmapping, die der Engländer Tony Buzan erfunden hat. Hierbei wird „der Grundgedanke bzw. die **Ausgangsfrage in der Mitte** eines möglichst großen Blattes notiert […]. Alle Gedanken, die uns beim Nachdenken über dieses Thema kommen, schreiben wir auf **Linien, die von der Mitte abzweigen** und weiter verzweigt werden können, so dass im Laufe der Zeit ein großes **Spinnennetz** entsteht – oder ein Baum, aus der Vogelperspektive betrachtet. Dabei sind künstlerischen Gestaltungsmöglichkeiten keine Grenzen gesetzt, vielmehr ist es ausdrücklich erwünscht, auch mit **Symbolen oder Farben** zu arbeiten." (Burchert/Sohr, 2008, S. 69) Mind Maps eignen sich für die unterschiedlichsten Dinge: zur Ideensammlung, Verdeutlichung der Aspekte eines Themas usw.

Beispiel: Auszug aus einer Mind Map zum Thema „Wissenschaftliches Arbeiten"

Unser Tipp: Beide Techniken eigenen sich dazu, **ein Lernposter** zu erstellen: Zeichne ein Bild eines Zusammenhangs, den du lernen musst, auf ein **DIN-A3-Papier** und **hänge es gut sichtbar im Zimmer oder in der Küche o.Ä. auf.** Dadurch, dass du das Poster immer wieder siehst, prägt sich der Inhalt besser ein.

3.2   Lernen zu lernen

Beispiele: Warum und wie?

Sebastian, 10. Semester Maschinenbau:
„Auch in meinem Studiengang muss man Vieles **auswendig lernen**. Nicht zuletzt, weil man **in den Prüfungen so wenig Zeit** hat, dass man schon die Antworten auf Verständnisfragen auswendig kennen muss. Glücklicherweise gibt es Ausnahmen und wenn man die **Zusammenhänge versteht**, kommt einem das im weiteren Studienverlauf zugute. Man kann dann auf ein Grundwissen zurückgreifen. So früh wie möglich sollte man herausfinden, **wie man lernen muss**. Am wichtigsten ist es, ältere Semester zu den Prüfungen zu befragen und sich die **Alt-Klausuren** anzusehen. Daraus rausziehen, was abgefragt wird. Quasi Leitfragen entwickeln und an denen entlang lernen – das Erfolgsrezept für viele Prüfungen."

Carina, 10. Semester Physik:
„Beim Bachelor kann man sich in den ersten Semestern schon ein paar Schnitzer erlauben. Denn die Noten zählen zwar zur Endnote, ihr Anteil ist aber nicht so groß. **Irgendwann sollte man das Lernen aber auf die Reihe bekommen.** Denn in manchen Studiengängen erhalten **nur die Besten einen Masterstudienplatz** … Und ohne Master geht berufsmäßig häufig gar nichts. Der wird erwartet."

3.2.1   Motivation

Die Voraussetzungen, um sich selbst zum Lernen zu motivieren, sind: **Wollen, Müssen, Handeln (das Gelernte in die Praxis umsetzen), in entspannter Atmosphäre lernen.** Überprüfe dein Studium einmal anhand dieser Kriterien: Sind sie erfüllt? Wenn nicht, sorge dafür! Es hilft auch, deine persönliche Einstellung zum Lernen zu reflektieren: Finde heraus, wie **du persönlich** am besten lernst.

> **Übung: Einstellung zum Lernen bewusst machen**
>
> **Erinnere dich an deine Kindheit:** Welche Einstellung zum Lernen wurde dir übermittelt? Erkennst du darin einen Zusammenhang mit dem Beruf deiner Eltern? Welche Botschaften haben dir gefallen oder geholfen, welche weniger?
>
> **Erinnere dich an deine Schulzeit:** Welche Einstellungen zum Lernen wurde dir übermittelt? Welche Lehrer hast du gemocht, welche weniger? Warum? Wie bist du mit Ängsten umgegangen?
>
> **Welche Wünsche und Ängste hast du für das Lernen an der Hochschule?**

3.2.2 Techniken

Vier Dinge sind für ein erfolgreiches und zielorientiertes Lernen wichtig:

| 1 Ziele setzen | 2 Zeitplan erstellen und umsetzen | 3 Pausen einlegen | 4 Belohnungen erlauben |

Die vier Faktoren erfolgreichen Lernens

3.2.3 Leichter lernen – im Schlaf!

Du willst studieren. Und auch ein bisschen Spaß haben. Da kommt der Schlaf oft zu kurz. Und das ist der Haken an der Sache, sagen Mediziner und Hirnforscher: Vor allem der **Tiefschlaf** ermöglicht es, dass **in unserem Gehirn wichtige Regenerations- und Lernprozesse ablaufen.** Inhalte werden aus dem temporären Gedächtnis in das Langzeitgedächtnis übertragen, andere, für das Gehirn unwichtige Inhalte aus dem temporären Gedächtnis gelöscht. Wie kannst du deinen Tiefschlaf fördern?

- Selbst wenn du nur ein Zimmer hast: **Grenze deinen Schlafbereich deutlich vom Arbeitsbereich ab** (z. B. durch einen Vorhang oder eine Trennwand).

- Nach dem Lernen **fernzusehen, fördert erstens nicht den Tiefschlaf** und zweitens kann das Gehirn ausschließlich den Lernstoff im Schlaf verarbeiten.

- **Alkohol** zum Entspannen ist kontraproduktiv: Im Übermaß mindert er die Tiefe des Schlafes immens.

- Immer mehr Studierende nehmen **Medikamente** zum Schlafen oder Beruhigen. Wenn dein Arzt das für angezeigt hält, o.k., aber bespreche mit ihm immer alle Möglichkeiten, auf andere Weise zu entspannen (z. B. durch **Yoga o.Ä.**)!

3.3 Wissenschaftliche Arbeiten schreiben

Die nächste Abbildung zeigt dir einen Überblick über die Phasen einer wissenschaftlichen Arbeit und wie diese aufeinander aufbauen. Wir empfehlen dir, zu diesem Thema **Kurse an der Hochschule** zu besuchen und den Inhalt von Büchern zu verinnerlichen:

- Für Einsteiger eignen sich Burchert, Heiko/Sohr, Sven: Praxis des wissenschaftlichen Arbeitens, München 2008 oder

- Bänsch, Axel/Alewell, Dorothea: Wissenschaftliches Arbeiten, München 2009;

- für Fortgeschrittene (also für Bachelor-, Master- und Dissertationsarbeiten) Plümper, Thomas: Effizient schreiben, München 2012.

Im Kapitel „Übungen und Checklisten" zeigt dir ein **„Katalog der Bewertungskriterien"**, woran wissenschaftliche Arbeiten gemessen werden. Aber natürlich gilt immer: **Befolge das, was der Begutachter oder Prüfer verlangt**, genauestens.

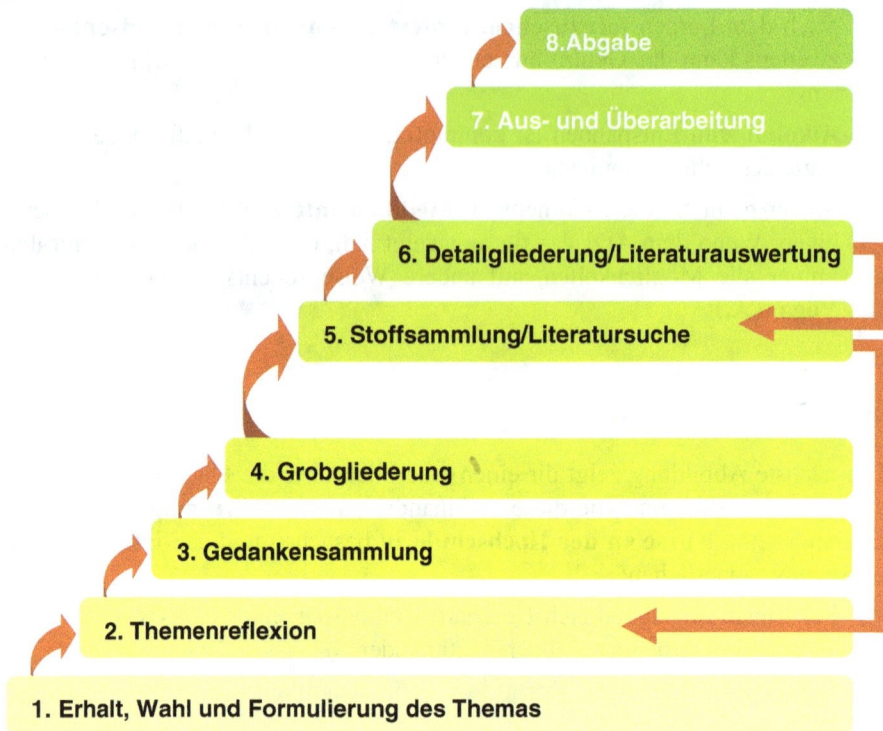

8.Abgabe

7. Aus- und Überarbeitung

6. Detailgliederung/Literaturauswertung

5. Stoffsammlung/Literatursuche

4. Grobgliederung

3. Gedankensammlung

2. Themenreflexion

1. Erhalt, Wahl und Formulierung des Themas

Die acht Phasen einer wissenschaftlichen Arbeit (nach Burchert/Sohr, 2008, S. 22)

Themenvertiefung
Auf unserer Website und in unserem Newsletter findest du in den nächsten Wochen und Monaten u. a. mehr zu folgenden Themen:
– Zentral: Themenwahl, -formulierung und -reflexion
– Richtig recherchieren und zitieren
– Effizient schreiben
– Die besten Lern- und Gedächtnistechniken
Den Newsletter kannst du abonnieren unter:
www.oldenbourg-verlag.de und www.akademie-verlag.de

4 Vernetzen

Alle gegen einen oder einer gegen alle? Viele Hochschulen sind Massenbetriebe, in denen man schnell untergeht oder mit dem geringsten Aufwand mitlaufen kann. Damit du nicht zu spät oder gar nicht erfährst, wo und wann ein wichtiger Termin stattfindet oder von wem du genau die Chance bekommst, die du brauchst: Vernetze dich!

Die drei größten Fehler
1. Alles alleine machen (wollen)
2. Zeit mit ineffizienten Lerngruppen verschwenden
3. Zu wenig wichtige Leute kennen

Beispiele: Vernetzen ist gesünder

Andreas, 12. Semester Jura:
„Ich habe mich recht viel **alleine** durchs Studium gekämpft, weil ich mit meinen Kommilitonen nicht so viel anfangen konnte. Freunde habe ich mir aus anderen Fachbereichen gesucht. **Das Suboptimale daran:** Ich habe dann am Anfang z. B. die Prüfungsordnung zu spät angeschaut, Fristen verbummelt, keinen Platz in bestimmten, wichtigen Seminaren bekommen … Einfach, weil ich innerhalb meines Fachbereichs nicht so viele Infos mitbekommen habe."

> **Carina, 10. Semester Physik:**
> „Für mich war es wichtig, auch **Freunde außerhalb des Fachbereichs** zu finden. Man bekommt sonst einen Lagerkoller. Da hat mir das Wohnheim unheimlich geholfen. Aber auch die Hochschulsportgruppe und das Orchester."

4.1 Netzwerke: Wichtige Kontakte knüpfen

4.1.1 Virtuelle Netzwerke

Facebook und/oder Twitter – was zu Schulzeiten vielleicht noch kein großes Problem war, kann es im Studium schon werden: Der Tag hat ja nur 24 Stunden und du musst gut mit deiner Zeit haushalten.

- **Prüfe: Was genau nützen dir die sozialen Netzwerke?** Musst du wirklich wissen, dass schleimi24 gerade im Sonnenstudio weilt? Kannst du deinen Freundeskreis oder dessen Nachrichten reduzieren und/oder **gezielt Gruppen beitreten**, von deren Austausch du auch im Studium profitierst?
- **Leg dir selber ein Netz zu:** Lern- und Interessengruppen (z. B. Anfangssemester eines Fachbereichs) können eine **Gruppe in Facebook** oder ein kleines Netzwerk (z. B. über Google oder Dropbox) aufbauen. Mit einem gemeinsamen **Terminplan**, zum Austausch von **Dateien** und aktuellen Informationen.
- **Pflege dein Image:** Fast alle Personaler checken die Einträge der Bewerber in den sozialen Netzwerken. Da machen sich Fotos von der letzten durchzechten Nacht eventuell gar nicht gut … **Also achte jetzt noch mehr als bisher darauf, was du von dir preisgibst.**

4.1.2 Reale Netzwerke

Der persönliche Kontakt ist nicht zu unterschätzen – gerade in Massenbetrieben wie es viele Hochschulen sind:

- Im persönlichen Austausch entstehen **Sympathie** und **Bindung**.
- Du hast Gelegenheit, deine ganze **Persönlichkeit zu zeigen** und dich durch gute Ideen, Tatkraft oder Organisationsgeschick zu positionieren.

- Du eignest dir wichtige **Kompetenzen** an wie **Selbstbewusstsein, Durchsetzungskraft** oder **Teamfähigkeit.** Du erweiterst gemeinsam mit anderen dein Fachwissen und wendest es an.

- Du bekommst Gelegenheit, **an „wichtige Leute" wie Dozenten, Professoren, ältere oder Ex-Studierende** heranzukommen und kannst Kontakte festigen, die dir jetzt und fürs spätere Berufsleben nützen.

Es wimmelt an der Hochschule nur so von persönlichen Netzwerken. Wir stellen dir die die wichtigsten vor.

Unser Tipp: Auch hier gilt – **nicht verzetteln!** Du musst nicht alles machen, wir zeigen dir nur die Bandbreite. Als Studienanfänger ist es beispielsweise hilfreich, sich zunächst auf die Erstsemesterveranstaltungen, die Bildung von Lerngruppen und eine Hochschulsportgruppe zu konzentrieren.

Erstsemesterveranstaltungen

An vielen Hochschulen werden spezielle Orientierungsveranstaltungen für die Erstsemester eines Fachbereichs angeboten. Sie dauern entweder einen Tag, mehrere Tage oder mehrere Wochen. Dazu gehören

- Informationen zum Studium und zur Uni (über Anmeldepflichten und -fristen, Veranstaltungen, Klausuren etc.),

- ein gemeinsames Frühstück und/oder ein Kneipenabend,

- Stadtführungen oder -rallyes oder eine Erstsemesterfahrt,

- Workshops zu Themen wie Zeitmanagement oder Prüfungsvorbereitung.

- Oft werden auch Professoren oder Dozenten des Fachbereichs zu einem Vortrag oder zum Kennenlernen eingeladen.

Organisiert werden diese Veranstaltungen von der Fachschaft, manchmal auch von den Fakultäten selbst. **Also, liebe „Erstis": Hingehen!** In großen Fachbereichen wie BWL oder Germanistik können diese Angebote Massenveranstaltungen sein. Wer das nicht mag, kann das persönliche **Gespräch mit einem Erstsemesterbetreuer** (meist Studierende höherer Semester) suchen, die es an vielen Hochschulen gibt.

Studentische Gruppen

An den Hochschulen gibt es zahlreiche Zusammenschlüsse von Studierenden, um gemeinsame Projekte zu realisieren. Bei deiner **Fachschaft oder auf der Website der Uni** kannst du dich über die Gruppen informieren – und vorbeischauen:

- **fachbezogene** oder **politisch** tätige Gruppen,
- Gruppen, die sich um die Belange **ausländischer Studierender** kümmern,
- **kulturell** tätige Zusammenschlüsse wie Orchester, Bands oder Chöre,
- Vereinigungen, die **Kontakt zur Wirtschaft herstellen,**
- lokale Vertretungen des internationalen Studierendennetzwerks **AIESEC**, das u. a. eine praxisbezogene Zusatzausbildung neben dem Studium, die Mitarbeit an sozialen Projekten sowie Auslandspraktika vermittelt,
- **Hochschulsportgruppen** mit allen denkbaren Sportarten.

Fachschaften

Beispiel: Kontakt zu Professoren

Carina, 10. Semester Physik:
„Bei uns gibt es – von der Fachschaft organisiert – eine Veranstaltungsreihe ‚**Meet your Prof**'. Da werden immer drei Profs in die Kneipe eingeladen und jeder Student kann kommen und mit ihnen plaudern. Ansonsten habe ich immer wieder festgestellt: Die meisten **Profs und Dozenten sind sehr offen und hilfsbereit,** wenn man auf sie zugeht."

Eine Fachschaft ist eine selbst verwaltete Organisation von Studierenden, welche die **Interessen der Studierenden eines Fachbereichs** vertritt. Mit der Immatrikulation bist du in vielen Bundesländern automatisch Mitglied in deiner Fachschaft. Die Fachschaften organisieren z. B. **Erstsemesterveranstaltungen,** geben **Vorlesungsskripte** und **Alt-Klausuren** weiter, organisieren Partys usw. Im Fachschaftsbüro wirst du immer ein offenes Ohr für Fragen finden. Allerdings haben die Fachschaften in den letzten Jahren zunehmend Probleme, engagierte Mitarbeiter zu finden.

Alumni-Netzwerke

Netzwerke ehemaliger Studierender oder Lehrender einer Hochschule nennt man Alumni-Netzwerke. Es gibt eine Vielzahl davon in Deutschland. Sie bieten für die (noch) Studierenden zahlreiche Veranstaltungen an, die sie v. a. bei der Vorbereitung auf den Beruf unterstützen sollen, z. B. **Karriere-Treffs**, wo Studierende die Alumni befragen können, Unterstützung bei der **Bewerbung** oder fürs **Vorstellungsgespräch** sowie **Mentoring**, also beratende Begleitung im Studium. In vielen Alumni-Netzwerken kann man auch als Noch-Studierender Mitglied werden und sich so stärker mit der Berufswelt vernetzen.

Unser Tipp: Nur wer gibt, bekommt etwas zurück. Also **nicht zurücklehnen, sondern sich aktiv einbringen!** Mach deshalb nur bei so vielen Gruppen mit, wie es deine zeitlichen Ressourcen zulassen.

4.2   Lerngruppen effizient gestalten

Beispiel: Auch mal den Absprung schaffen

Carina, 10. Semester Physik:
„Meine **erste Lerngruppe lief richtig mies**, naja, für mich zumindest: Wir waren zu sechst, schnell fiel die Hälfte ab, da waren's nur noch drei. Die anderen zwei verliebten sich ineinander und entsprechend war die Stimmung von Sitzung zu Sitzung dem Stand der Beziehung entsprechend: Turtelei oder Krach. Und ich habe das wochenlang mitgemacht. Da habe ich viel Zeit vertan. **Wenn eine Lerngruppe nicht läuft, sollte man sich ziemlich schnell was Neues suchen.**"

Wenn eine Lerngruppe – anders als Carinas erste – gut läuft, profitierst du auf vielfältige Weise davon, wie die nächste Abbildung zeigt.

Persönlicher Nutzen einer Lerngruppe

Etwas schief läuft übrigens auch, wenn Lerngruppen ständig ausfallen, alle zu spät kommen oder immer nur einer einen Monolog schwingt.

Unsere Tipps:

- **Nicht zu viele Teilnehmer:** Maximal zehn Personen.

- **Einen Plan erstellen:** Auf einer elektronischen Plattform sind euer gemeinsamer Termin- und Lernplan sowie die Protokolle allen ständig zugänglich.

- **Regeln aufstellen:** z. B. pünktlich sein; wer dreimal hintereinander fehlt, ist draußen (außer wegen Urlaub, Praktikum usw.).

- **Maßnahmen vereinbaren:** z. B. wer notorisch zu spät oder unvorbereitet kommt, wenn er etwa ein Referat halten sollte, muss alle zum Essen einladen.

- **Rotierende Ämter verteilen:** Einer protokolliert (mit offenen Punkten und Zuständigkeiten für die nächste Sitzung), einer pflegt eure Pläne, einer spricht Dozenten wegen wichtiger Infos an etc.

- **Neue Lernformen testen:** Erprobt einmal Lernfomen wie z. B. gemeinsam ein Lernposter zu gestalten oder den Stoff als sog. Elevator Pitch vorzutragen (in zwei Minuten das Wichtigste).

- **Alle einbeziehen:** Fast immer gibt es die Rampensau und den zurückhaltenderen Teilnehmer. Achtet trotzdem darauf, dass nicht einer ständig spricht und einer nie etwas sagt. Macht den Zurückhaltenderen durch gutes Feedback Mut.

- Mit **Teamspielen** könnt Ihr euren Zusammenhalt, die Kommunikation und vieles mehr fördern und entwickeln (siehe „**Übungen und Checklisten**").

4.3   Ehrenamt: Nützlicher als man denkt

Wer sich unbedingt sozial engagieren möchte, so denken viele, der soll das ruhig machen. Okay: Es ist eine Zeitfrage. Aber wer dafür Zeit findet, profitiert in der Regel davon – in Studium und Beruf.

Beispiele für ehrenamtliche Tätigkeiten
Trainer oder andere Tätigkeiten im Verein, z. B. Fundraising, Betreuung von Kindern oder Jugendlichen, Engagement in einem Umweltverband oder einem anderen Interessenverband, in wirtschaftsnahen Verbänden, an der Hochschule.

Bei einem Ehrenamt kannst du

- gesellschaftlich **mitgestalten** und **Verantwortung** lernen,
- deinen **Selbstwert** erhöhen,
- persönliche, soziale und fachliche **Kompetenzen** ausbauen (z. B. eine Gruppe führen, vor vielen Menschen sprechen, Fundraising, Projektmanagement),
- **Kontakte** knüpfen, die auch für den späteren Beruf wichtig sein können.

Unser Tipp: Im Ehrenamt kannst du dich **ausprobieren**. Du lernst Dinge, Situationen und Menschen kennen, die so im Studium nicht vorkommen, die aber viel zu **deiner persönlichen Entwicklung** beitragen.

5 Soft Skills ausbauen

Teamfähigkeit, Durchsetzungskraft, Kommunikationskompetenz – auf Soft Skills legen Personaler bei Bewerbern viel Wert. Aber auch die harten Anforderungen des Studiums kannst du erfolgreicher bewältigen, wenn du über „weiche" Fähigkeiten verfügst. Entfalte also deine Kompetenzen!

Die drei größten Fehler
1. Zu lasch mit sich selbst und der neuen Freiheit umgehen
2. Ermüdende Referate halten
3. In Dauerstress geraten

Das raten Professoren und Dozenten

Dr. Sven Sohr, Leiter SENSOR Institut für ZukunftsCoaching und Positive Psychologie, Berlin:
„Aus dem Meer an heute wichtigen Schlüsselkompetenzen finde ich Mündigkeit am bedeutsamsten – im Sinne von Kant als **die Fähigkeit, sich seines eigenen Verstandes ohne Leitung eines anderen zu bedienen.** Ist diese vorhanden, resultieren daraus die Fähigkeiten zum kritischen Denken und kreativen Handeln. Leider trägt ein immer mehr verschultes Studium nicht unbedingt dazu bei, diese Kompetenzen zu fördern. Umso wichtiger ist es, **selbst daran zu arbeiten**, um diese kostbaren Dinge zu bewahren, zu kultivieren und zu entfalten."

> **Prof. Dr. Anne Brunner, Fachhochschule München:**
> „Die Hochschule München bietet ein „Studium Generale" an, wo sich Studie-
> rende unterschiedlicher Studiengänge zusammenfinden. Die Bücher „Schlüs-
> selkompetenzen spielend trainieren" und „Kreativer denken" sind Basislitera-
> tur von entsprechenden Seminaren bzw. Kursen. Die Studierenden lernen dort
> nicht nur Inhalte, sondern auch Methoden, wie präsentieren, moderieren, so-
> wie vor allem: **Feedback geben und annehmen.** Viele hören hier zum ersten
> Mal, **wo ihre Stärken liegen** und was bei anderen gut ankommt! Das belebt,
> motiviert und stärkt. Die Erfahrung zeigt: Wenn Sie Schlüsselkompetenzen
> trainieren wollen, bleiben Sie nicht „am Netz" hängen, also am PC, sondern
> suchen Sie Möglichkeiten, **Ihre Fähigkeiten real anzuwenden und zum Le-
> ben zu erwecken!"**

5.1   Schlüsselkompetenzen trainieren

Was sind Schlüsselkompetenzen? Prof. Dr. Anne Brunner, Autorin der Bücher

- „Schlüsselkompetenzen spielend trainieren"(München 2010) und

- „Kreativer denken" (München 2008)

erklärt: „Die Bezeichnung ‚Kompetenz' steht für ein Begriffsfeld mit drei Di-
mensionen: Wissen – Fähigkeiten, Können – Einstellungen, Haltungen. [...]
Schlüsselkompetenzen sind **überfachliche Kompetenzen**, die sich thematisch
in fünf Kategorien einteilen lassen." (Brunner, 2010, S. 2).

Wie, das zeigt die nächste Abbildung.

Dass man nicht nur im Beruf, sondern auch im Studium von solchen Fähigkeiten
profitieren kann, zeigen folgende Erfahrungsberichte von Studierenden.

> **Beispiele: Mit Druck umgehen**
>
> **Andreas, 12. Semester Jura:**
> „Bei uns ist der **Konkurrenzdruck** schon groß. **Den muss man aushalten
> können.** Viele kooperieren nicht. Manche verstecken sogar Bücher in der Bib-
> liothek oder reißen Seiten raus. Bei uns sind die Noten im Staatsexamen halt
> extrem wichtig und die Durchfallerquote liegt bei etwa einem Drittel ..."

> **Carina, 10. Semester Physik:**
> „Mir ging es am Anfang wie einigen anderen auch: Ich kam mir vor wie ein kleines Licht unter tollen Hechten. **Alle waren so cool, nach dem Motto „Ich kann eh schon alles".** Lernten nur eine Stunde auf eine Prüfung und lösten die Aufgaben auch noch schneller als ich. **Da zweifelt man schon an sich.** Irgendwann kam ich drauf, dass das alles gar nicht so war. Die lernten nämlich auch, manche sogar mehr als ich. Mein Tipp: Lasst euch in den ersten Semestern nicht so stark beeindrucken. Seid **selbstbewusst** und **traut euch was zu!"**

Persönliche Kompetenz
z. B. Wertebewusstsein,
Stärken/Schwächen
kennen

Soziale Kompetenz
z. B. Kommunikations- und
Kooperationsfähigkeit,
Einfühlungsvermögen

Reflexive Kompetenz
Fähigkeit, Strukturen,
Prozesse und Ergebnisse
aus der Distanz zu
reflektieren

Aktionale Kompetenz
z. B. Initiative, Tatkraft,
Durchhaltevermögen

Methodische Kompetenz
z. B. präsentieren, moderieren,
Feedback geben und
annehmen

Die fünf Kategorien von Schlüsselkompetenzen (nach Brunner, 2010, S. 2)

An vielen Hochschulen werden **Soft-Skills-Kurse** angeboten. Es lohnt sich, welche mitzumachen. Aber noch viel wichtiger ist es, die Soft Skills in der Praxis anzuwenden und weiterzuentwickeln: Dazu hast du Gelegenheit in **Seminaren, Lerngruppen, Praktika, Netzwerken** und nicht zuletzt bei einer **ehrenamtlichen Tätigkeit.**

Beispiel: Soft Skills im Praktikum

Sebastian, 10. Semester Maschinenbau:
„In meinem Praktikum bei BMW baue ich gerade auch meine Soft Skills aus: Ich habe dort einen tollen Betreuer. **Meetings vorbereiten, Präsentationen erstellen** usw. – all das lerne ich und bin echt froh darüber. Im Studium ist das kein Thema. Aber in fast jedem Beruf nach einer akademischen Ausbildung braucht man es."

Im Kapitel „**Übungen und Checklisten**" stellen wir dir Methoden vor, die sich in der Praxis bewährt haben: **Team- und Kreativitätsspiele**. Die Übungen eignen sich zur Persönlichkeits- und zur Teamentwicklung, z. B. für Seminarteilnehmer, Lerngruppen, Forschungsgruppen. Viel Spaß beim Ausprobieren!

5.2   Reden und präsentieren

Später im Beruf nicht mehr wegzudenken, aber auch im Studium ist sie wichtig: die Kompetenz, **frei und wirkungsvoll zu sprechen** und ein Thema zu präsentieren. Das kann man lernen, so meint Prof. Dr. Gustav Vogt:

„Zuallererst gehört hierzu die feste Absicht: ,**Ja, ich möchte meine Redefertigkeit verbessern!**' [...] Der zweite Schritt ist die Aneignung des theoretischen Wissens. [...] Die dritte wesentliche Sprosse auf der Stufenleiter zum rhetorischen Erfolg besteht aus der praktischen Umsetzung des erworbenen Wissens. [...] **Reden lernt man vor allem durch Reden.**" (Vogt, Gustav: Erfolgreiche Rhetorik, München 2010, S. 4)

Im Kapitel „**Übungen und Checklisten**" stellen wir dir die **wichtigsten Grundregeln der Rhetorik** vor. So hast du schon einmal einen Überblick und kannst dich durch Üben und in Kursen weiterentwickeln.

5.3   Sich von anderen abheben

Beispiel: Wie ein Politiker agieren

Andreas, 12. Semester Jura:
„Ich bin **Haussprecher im Studentenwohnheim**, also in der Selbstverwaltung der Heimbewohner. Da agiert man quasi in einem politischen Mikrokosmos: Man muss sich an der Basis umhören, im Haussprecher-Gremium **Entscheidungen herbeiführen**, die Basis wiederum von etwas **überzeugen**, mit der Verwaltung verhandeln usw. Halt Interessen durchsetzen. Wie ein Politiker. Das macht Spaß und ist eine gute **Vorbereitung für viele Berufe**.“

Wie erhöhst du deine Chancen, **aus der Masse an Bewerbern herauszustechen?** Neben den Noten und der Studiendauer achten Personaler auf Folgendes:

So hebst du dich von anderen ab

Praxiserfahrung kannst du dir aneignen in Praktika, Jobs oder ehrenamtlichen Tätigkeiten. In Ehrenämtern, z. B. in der Jugendarbeit oder als Tutor, kannst du sogar Führungserfahrung sammeln. Und ein Ehrenamt zeugt auch von deinem **gesellschaftlichen Engagement.** Besondere Leistungen, wie ein **Stipendium** oder der **Gewinn von Wettbewerben,** zeigen, dass du die Soft Skills Zielstrebigkeit und Tatkraft besitzt. **Auslandserfahrung** bekommst du in einem Auslandssemester sowie in Praktika und Jobs im Ausland.

Themenvertiefung
Auf unserer Website und in unserem Newsletter findest du in den nächsten Wochen und Monaten u. a. mehr zu folgenden Themen:
– Überzeugende Referate vorbereiten und halten
– Authentische Körpersprache und Sprechtechnik üben
– Ziele setzen und realisieren
Den Newsletter kannst du abonnieren unter:
www.oldenbourg-verlag.de und www.akademie-verlag.de

6 Praktika und Jobs

Praktika sind in manchen Studiengängen Pflicht, in manchen freiwillig. Immer gilt: Sie kosten wertvolle Zeit, also mach das Beste daraus! Aber wie? Ähnlich schwer ist es mit den Nebenjobs: Soll man nur irgendetwas arbeiten, um Geld zu verdienen? Und wie lässt sich das mit dem Studium vereinbaren?

Die drei größten Fehler
1. Praktika machen, die viel Zeit kosten, aber keinen Nutzen bringen
2. Aus Angst vor der großen Konkurrenz vieles unversucht lassen
3. Jobben statt studieren

6.1 Ein Praktikum finden und nutzen

Praktika **beanspruchen Zeit** – und die musst du **einplanen**. Am besten du liest gleich bei Studienbeginn in der Studienordnung nach, wie viele Praktika in welcher Dauer du machen musst! Aber auch freiwillige Praktika musst du im Voraus planen. So findest du einen geeigneten Praktikumsplatz:

- **Praktikumsbörsen** im Internet sind gut, aber hier stehst du natürlich mit allen anderen Studierenden deines Fachs und angrenzender Fächer in Konkurrenz. Also stütze dich am besten bei deiner Suche nicht allein darauf.

- Besser ist es, **an der Hochschule Augen, Ohren und Mund offen zu halten:** also auf Schwarze Bretter und ähnliches schauen und Gespräche mit Kommilitonen oder älteren Studierenden über **ihre Erfahrungen im Prak-**

tikum führen. Manchmal ergeben sich daraus Kontaktmöglichkeiten zu Unternehmen.

- **Netzwerken:** Geh auf **Vorträge und andere Veranstaltungen** von studentischen Gruppen, Vereinen, Wirtschaftsverbänden (z.B. IHK, Arbeitgeberverband) oder Unternehmen. Und trau dich, Mitarbeiter oder Referenten anzusprechen. Ein **interessantes Gespräch** ist der beste Türöffner.

- **Messen:** Auf Job- und Recruitingmessen oder Karrieretagen kommen nicht nur Absolventen mit ihren zukünftigen Arbeitgebern ins Gespräch, sondern du kannst auch **als Studierender Praktikumsmöglichkeiten ausloten.** Einen guten Überblick mit Messekalender bietet www.absolventa.de.

6.1.1 Von Praktika profitieren

Beispiel: Mal über den Tellerrand schauen

Carina, 10. Semester Physik:
„Bei uns in Physik machen die meisten ihre Praktika an der Uni. Aber in den Semesterferien machen viele auch eines in der Wirtschaft, bei BMW, Fraunhofer usw. Also auch in Bereichen, die wenig mit Physik zu tun haben. Viele sagen dann: **Aha, so läuft es also da draußen.** Für die meisten ist es eine wichtige Erfahrung. Und wenn's nur dafür ist, dass man hinterher sagen kann: Also, in dem und dem Bereich möchte ich nicht arbeiten."

Carina nennt indirekt den besten Nutzen eines Praktikums: Mehr über deine Stärken und Wünsche herauszufinden. Denn in einem guten Praktikum erledigst du selbstständig Aufgaben mit hohem Fachbezug. Aber hast du das überhaupt in der Hand? Nicht ganz, aber du kannst einiges dafür tun.

Unser Tipp: Überlege dir vorher, **was du von deinem Praktikum erwartest.** Wenn das Praktikum **länger nicht so läuft,** wie du es dir vorstellst: **Werde aktiv!** Spreche mit dem Praktikumsbetreuer oder einer anderen entscheidungsbefugten Person. Und mach eigene **Vorschläge,** z. B. an Meetings teilzunehmen oder Teilprojekte überzunehmen, für die du Qualifikationen mitbringst. Die meisten Mitarbeiter werden dir für die **Eigeninitiative** dankbar sein.

6.1.2 Geld und Sozialabgaben

Manche Unternehmen bezahlen 300 bis 400 Euro im Monat, manche gar nichts. Davon kannst du also nicht leben. Du musst **die Finanzierung für die Dauer des Praktikums** sicherstellen, falls du **vorwiegend vom Jobben** lebst. BAföG, Stipendien und Kredite laufen in der Regel weiter, falls du das Praktikum in Deutschland absolvierst und du dadurch keine Prüfungen oder Abgaben verpasst (und somit die nötigen Leistungsnachweise nicht erbringen kannst).

Sozialversicherungsfrei sind Praktika während des Studiums innerhalb Deutschlands nur, wenn sie **in der Studienordnung vorgeschrieben** sind und die dort festgehaltene **Dauer nicht überschreiten**. Der Verdienst aus einem Pflichtpraktikum wird aufs BAföG angerechnet.

Wenn du ein **freiwilliges Praktikum** machst, bist du **sozialversicherungspflichtig**, wenn du über 400 Euro monatlich fürs Praktikum bekommst. Aufs BAföG wirkt sich der Verdienst hier nur aus, wenn du mehr als 400 Euro monatlich dafür erhältst oder wenn du es außerhalb der vorlesungsfreien Zeit absolvierst oder wenn du wöchentlich mehr als 20 Stunden dafür aufwendest.

6.2 Jobben – wie viel und was?

Das raten Professoren und Dozenten

Prof. Dr. Gustav Vogt, HTW des Saarlandes:
„Viele Studierende, die während des Studiums **jobben**, erzielen angesichts des geballten Vorlesungsstoffs **schlechtere Lernergebnisse**. Oder sie verlieren wertvolle Zeit, weil sie Prüfungsleistungen auf andere Semester verschieben. Meine Empfehlung lautet daher, möglichst wenig und zumindest nur in der vorlesungsfreien Zeit zu jobben und auch **nicht in Examensphasen**. Praktika sind wichtig, sollten aber auch in den Semesterferien absolviert werden."

Auch der Erfahrungsbericht eines älteren Studierenden zeigt, dass man sich mit dem Nebenjob nicht übernehmen sollte:

Beispiel: Den Schwerpunkt aufs Studium setzen

Sebastian, 10. Semester Maschinenbau:

„Manche meiner Kommilitonen möchten etwas mehr Geld zum Leben haben, als sie von den Eltern bekommen und arbeiten daher. **Viele kostet das insgesamt im Studium mindestens zwei Semester**, weil sie dann weniger Veranstaltungen besuchen oder weniger lernen können. Außerdem opfern sie ihre Freizeit und vermiesen sich so einen ihrer schönsten Lebensabschnitte. Und das in einem schlecht bezahlten Studentenjob für ein paar Euro mehr im Monat. Ich finde: Wenn's zum Leben langt, **lieber schneller studieren** und dann richtiges Geld verdienen."

Viele Studierende müssen natürlich trotz der Nachteile jobben, weil das Geld einfach nicht ausreicht. Wichtig ist dabei, dass es **nicht auf Kosten des Studiums** geht! Dass aber ein beispielsweise ein Auslandsaufenthalt auch zu **ganz neuen Perspektiven in einer verfahrenen Situation** führen kann, zeigt der folgende Erfahrungsbericht einer Studentin.

Beispiel: Umorientiert

Katrin, 3. Semester Naher und Mittlerer Osten:

„Drei Semester lang war ich mit meinem Studium der Germanistik unglücklich, es war **einfach nicht das Richtige** für mich. Dann habe ich an der Uni ein Mädchen aus Tansania getroffen, deren Mutter dort eine Schule leitet. Nach einigen Überlegungen habe ich mich dazu entschlossen, dort **ein halbes Jahr lang Englisch zu unterrichten**. Etwas Besseres konnte mir nicht passieren! Hinterher war ich viel klarer, wusste, was ich will, und konnte mich für ein anderes Studienfach entscheiden, das **meinen Fähigkeiten und Interessen entspricht**. Ich rate allen, die sehr unzufrieden sind: Sich nicht entmutigen lassen, sondern **aktiv werden**, etwas ausprobieren – dann sieht man sich und das Studium mit völlig anderen Augen."

Themenvertiefung

Auf unserer Website und in unserem Newsletter findest du in den nächsten Wochen und Monaten u. a. mehr zu folgenden Themen:

– Beschäftigungsformen: von Minijob bis Werkstudent
– Im Ausland: Mehr über Volunteering, Work-and-Travel und WWOOF
– Vorstellungsgespräche meistern und Gehaltsverhandlungen führen

Den Newsletter kannst du abonnieren unter:

www.oldenbourg-verlag.de und www.akademie-verlag.de

7 Gut und günstig leben

Jeden Tag nur Chips essen? Damit das nicht sein muss, solltest du alle Möglichkeiten nutzen, Geld zu bekommen oder zu sparen. Das muss weder der Gesundheit noch der Lebensfreude schaden. Im Gegenteil: Gut zu wohnen, zu essen und zu schlafen, sind Voraussetzung für körperliche und mentale Fitness.

Die drei größten Fehler
1. Sich keinen Spaß leisten (können)
2. Sich in schwierigen Wohnverhältnissen aufreiben
3. Zu wenig an die Zukunft denken

7.1 Mit dem Geld haushalten

Im Normalfall kommt Geld rein und geht raus. Rein kommt es beispielsweise in Form von BAföG, durch deine Eltern, einen Studienkredit oder einen Job. Die Höhe deiner Ausgaben hängt natürlich von deinen persönlichen Bedürfnissen ab. Gibst du mehr aus, als du einnimmst, hast du ein Problem.

Das Wichtigste ist, den Überblick über die Einnahmen und Ausgaben zu behalten. Am besten, du machst monatlich eine **Aufstellung nach dem unten stehenden Muster.**

Trage alle Einnahmen und Ausgaben ein. Unterscheide dabei zwischen **fixen Einnahmen bzw. Ausgaben** – das sind feste Posten, die jeden Monat gleich sind (wie BAföG oder Miete), und **variablen Einnahmen bzw. Ausgaben**, deren Höhe du jeden Monat neu beeinflussen kannst (z. B. ein Nebenjob, in dem du selbst entscheiden kannst, wie viel du arbeitetest, oder die Kosten für Essen und Reisen.

Einnahmen-Ausgaben-Aufstellung

Einnahmen (E)		Ausgaben (A)	
Fixe E	**Variable E**	**Fixe A**	**Variable A**
von den Eltern	Job 2	Studiengebühren	Essen
BAföG	...	und/oder Studienbeitrag	Ausgehen
oder Studienkredit	...	Miete	Sport
oder Stipendium	...	Versicherungen	Reisen
Job 1	...	weitere ...	Lernmaterial
weitere ...	...	...	
Summen		Summen	
Summe E		Summe A	
Saldo (E minus A)			

Der Saldo sollte positiv sein oder Null betragen. Insbesondere, wenn du schon Mitte des Monats im Minus bist, prüfe **dein Sparpotenzial**:

- Wo könntest du bei den Ausgaben **Einschränkungen** in Kauf nehmen?
- Was kannst du ganz **streichen**, weil dir andere Dinge einfach wichtiger sind?
- Wo kannst du **dich unterstützen lassen**? Du kannst dir z. B. ein Zeitschriften-Abo von den Eltern, Tanten, Onkels oder Freunden schenken lassen usw.

Beispiel: Essen statt Ausgehen

Katrin, 3. Semester Naher und Mittlerer Osten:
„Es muss ja nicht immer die Kneipe sein. Ich treffe mich einmal die Woche mit Kommilitonen zum gemeinsamen Kochen und Essen, im Sommer picknicken wir oft. Das spart Geld und man lernt immer wieder neue Leute kennen."

7.2 Alle Einnahmequellen nutzen

Zunächst ein Überblick über die Einnahmequellen, die einem Studierenden grundsätzlich zur Verfügung stehen – **in der Reihenfolge, in der du sie prüfen solltest** (alle Angaben im Kapitel „Einnahmequellen", **Stand Juli 2012**):

Wie viel Bares/Unbares können meine Eltern beisteuern? **+** Bekomme ich BAföG? **+** Welche Zuschüsse stehen mir zu (z. B. Wohn- o. Kindergeld)? **+** Wie kann ich mich durch Verwandte unterstützen lassen?

Kommt für mich ein Stipendium in Frage?

Wie viel Geld muss ich durch Jobs (dazu)verdienen?

Muss bzw. möchte ich einen Studienkredit in Anspruch nehmen?

Reihenfolge bei der Prüfung der Einnahmequellen

7.2.1 BAföG

„BAföG" steht für „Bundesausbildungsförderungsgesetz". Es hat sich einge-
bürgert, mit dem Begriff auch die Förderung selbst zu bezeichnen, die in diesem
Gesetz geregelt ist: die staatliche Ausbildungsförderung von Schülern und Studierenden. An Studierende wird sie **in der Regel hälftig als Zuschuss und als
zinsloses Darlehen** gezahlt. Bewilligung und Höhe des BAföG hängen bei Studierenden ab von ihrem **Einkommen** und ihrem **Vermögen**, dem **Einkommen
der Eltern oder des Ehepartners**, der **Anzahl der Geschwister** oder **Kinder**
und der Art der **Unterkunft** (ob man z. B. bei den Eltern wohnt oder woanders).

Unser Tipp: Probiere es auf jeden Fall aus! Viele Studierende **verzichten
unwissentlich aufs BAföG**, weil sie glauben, sie würden eh keines bekommen. Dabei gilt: Nicht jeder bekommt die volle Förderung, aber eine **Teilför-
derung** von z. B. monatlich 200 Euro ist ja auch was wert!

BAföG bei Ausbildung im Inland – wer, wie viel, wo und wann?

Wer?

Studierende an staatlichen und privaten Hochschulen, Fachhochschulen und Fernuniversitäten (Vollzeit) sowie Absolventen von vorgeschriebenen Vorpraktika, unter folgenden Voraussetzungen:

- **Deutsche Staatsangehörigkeit** bzw. **Ausländer** unter bestimmten Voraussetzungen

- **Altersgrenze:** Die zu fördernde Ausbildung muss vor Vollendung des 30. Lebensjahres (Masterstudium vor Vollendung des 35. Lebensjahres) begonnen werden. Ausnahmen sind möglich, z. B. wenn man das Abi über den zweiten Bildungsweg gemacht hat oder vor dem Studium Kinder bekommen hat.

- Die Ausbildung muss **mindestens ein halbes Jahr** dauern.

- **Leistungsnachweise** sind nötig zu Beginn des 5. Fachsemesters und, wenn eine Prüfung vor dem 3. Semester vorgeschrieben ist, für das 3. und 4. Fachsemester

- Das **Einkommen** und **Vermögen des Studierenden, das Einkommen seines Ehepartners und/oder seiner Eltern** darf eine bestimmte Höhe abzüglich diverser Freibeträge nicht überschreiten.

BAföG

Wie viel?

- Abhängig vom **Einkommen im Sinne des BAföG,** d.h. dem aktuellen Einkommen des Studierenden und dem Einkommen seines Ehepartners oder seiner Eltern aus dem vorletzten Kalenderjahr (abzgl. Steuern, Sozialabgaben, diverser Freibeträge)

- **Vermögen** eines unverheirateten und kinderlosen **Studierenden** wird bis zu 5.200 Euro angerechnet.

- **Freibetrag für Nebenjobs** (unverheiratet, ohne Kind): 4.800 Euro/Jahr bzw. 400 Euro/Monat im Minijob (Ausnahme: v.a. Verdienst aus Pflichtpraktika!)

- **Leistungs- und begabungsbezogene Stipendien** werden bis zu 300 Euro/Monat **nicht** angerechnet.

Wo und wann?

- Antrag beim **Amt für Ausbildungsförderung** am Hochschulort und möglichst früh, also **sofort nach der Einschreibung (vor Beginn des Studiums!)**

- In der Regel **für ein Jahr:** in jedem Jahr mindestens zwei Monate vor Ablauf Wiederholungsantrag stellen

- Meist für die Dauer der **Regelstudienzeit** (Vorsicht: Wer z. B. den Antrag im 3. Semester stellt, obwohl er förderungsberechtigt gewesen wäre, wird auch nur bis zum Ende der Regelstudienzeit gefördert)

- **Ein Studiengangwechsel** aus wichtigem Grund bis zum Beginn des 4. Semesters möglich (die Dauer des ersten Studiengangs wird nicht berücksichtigt)

Sich informieren und beraten lassen

Der obige „**Überblick: BAföG – wer, wie viel, wo und wann?**" dient nur der ersten Orientierung. Da die Berechnung sehr kompliziert ist und es viele Ausnahmeregeln gibt, schau dich am besten ausgiebig auf der Website **www.das-neue-bafoeg.de** um. Und lass dich frühzeitig persönlich beraten, z. B. **bei den BAföG-Beratungsstellen des Studentenwerks** deiner Hochschule.

7.2.2   Stipendien

Das Stipendium ist eine häufig **unterschätzte Einnahmequelle**. Viele Studierende bemühen sich gar nicht um eines, weil sie glauben, dass nur 1,0-Abiturienten eine Chance hätten. Die Realität sieht anders aus: In Deutschland gibt es mehrere Tausend Stiftungen, die Stipendien anbieten. **Viele würden mehr vergeben, wenn sie mehr geeignete Bewerber hätten!** Und oft ist ein 1,0-Schnitt nicht Voraussetzung oder die wesentlichen Vergabekriterien liegen woanders, z. B. im gesellschaftlichen Engagement der Bewerber.

Beispiele: Organisationen, die Stipendien vergeben

Staatliche Begabtenförderungswerke, z. B. Studienstiftung des deutschen Volkes, Friedrich-Ebert-Stiftung oder Heinrich-Böll-Stiftung; konfessionelle Stiftungen wie das Cusanuswerk (katholisch) und das Evangelische Studienwerk Villigst

Hochschulspezifische Stiftungen, z. B. das Deutschland-Stipendium

Regionale Stipendien, z. B. die Landesstiftung Baden-Württemberg gGmbH

Studienfachspezifische Stipendien, z. B. die Siemens-Stiftung oder die DBU Deutsche Bundesstiftung Umwelt

Stipendien an privaten Hochschulen, z. B. Stipendien der Daniela-und-Jürgen-Westphal-Stiftung

Stipendien für Studierende mit Migrationshintergrund, z. B. die Otto-Benecke-Stiftung e.V.

Auslandsstipendien, z. B. ERASMUS, beim DAAD (Deutscher Akademischer Austauschdienst) oder bei der Fulbright Kommission

Stipendien für Frauen, z. B. MTU Studien-Stiftung oder Christiane-Nüsslein-Volhard-Stiftung. Auskunft gibt dir die Frauen- oder Gleichstellungsbeauftragte deiner Hochschule.

Überblick: Voraussetzungen der Förderung

Stipendien werden von Stiftungen des Staates, der Länder, Kommunen, Parteien, Kirchen und der Wirtschaft sowie von privaten Stiftungen vergeben. Die Voraussetzungen sind sehr unterschiedlich – generell lässt sich aber Folgendes sagen:

- Ein **gutes Abitur** ist in allen Fällen nötig, aber bei manchen Stiftungen darf sogar eine 2 vor dem Komma stehen.

- Oft ist ein **Nachweis von gesellschaftlichem oder politischem Engagement** nötig und **Persönlichkeitsgutachten** von Hochschuldozenten/Lehrern. Denn viele möchten nicht ausschließlich die Allerbesten fördern (Begabtenförderung), sondern auch Menschen, die sich gesellschaftlich engagieren.

- Häufig gibt es spezielle **Auswahlverfahren und Tests.**

- Die **Bewerbung für ein Stipendium** muss sehr gut recherchiert, fundiert, aussagekräftig und vollständig sein – nur dann hast du Chancen.

- Manche Stipendien sind schon **ab dem 1. Fachsemester** möglich (gleich nach dem Abitur bewerben!), manche erst **ab dem 2. oder 3. Fachsemester** – oder erst für postgraduale Studiengänge wie **Master oder Promotion.**

- In vielen Fällen ist ein Stipendium nicht möglich, wenn man **BAföG** erhält, in manchen schon, z. B. 300 Euro beim „Deutschland-Stipendium".

- Häufig sind Leistungsnachweise während des Stipendiums zu erbringen.

Unser Tipp: Ein Stipendium ist **die optimale Form der Studienfinanzierung,** denn die Förderung muss nicht zurückgezahlt werden. Außerdem erhältst du auch immaterielle Unterstützung und Kontakte für den Berufseinstieg. Investiere vor dem Studium die **Zeit für die Recherche** – sie ist reines Geld wert. Verschaffe dir also einen Überblick über die Stiftungen, nimm ein paar in die engere Auswahl, such dir aus, **welche Stiftung zu dir passt,** – und bewirb dich! Aber unterschätze nicht den Zeitaufwand, der notwendig ist.

Viele Stiftungen fördern zusätzlich in immaterieller Form, z. B. durch Seminare (die z. T. obligatorisch sind), die Vermittlung von Kontakten zur Wirtschaft sowie die Beratung durch einen Ansprechpartner vor Ort, den sog. Vertrauensdozenten.

> **Beispiele: Adressen für die Recherche von Stipendien**
> www.stipendienlotse.de; www.stipendiendatenbank.de; www.academics.de;
> www.daad.de; www.stifterverband.info; www.stiftungen.org

7.2.3 Wettbewerbe

Ein Wettbewerb wird von einer Hochschule, einem Unternehmen oder einer Stiftung ausgeschrieben. Die Teilnehmer können Arbeiten zu einer bestimmten Aufgabenstellung einsenden, die dann von einer Jury bewertet werden. **Wer gewinnt, wird mit Geld- und/oder Sachpreisen belohnt.** Wie bei den Stipendienprogrammen zeigt die Realität: An Wettbewerben nehmen viel weniger Studierende teil als möglich. Schade, denn auch hier winkt Geld, das man nicht mehr zurückzahlen muss. **Auch hier lohnt es sich also, Zeit in die Recherche zu investieren,** ob etwas Passendes dabei ist. Natürlich musst du mit deiner knappen Zeit haushalten. **Optimal organisiert** ist deine Wettbewerbsteilnahme daher, wenn du eine wissenschaftliche Arbeit (oder einen Teil davon) einsenden kannst, die du im Studium ohnehin erstellst.

7.2.4 Studienkredite

Wir fassen unter dem Oberbegriff „Studienkredite" drei Arten von Krediten zusammen: die eigentlichen **Studienkredite**, die im Rahmen der Einführung von Studiengebühren immer mehr angeboten wurden, den sog. **Bildungskredit von der KfW-Förderbank** sowie die **Bildungsfonds**. Allen gemeinsam ist, dass dir monatlich eine bestimmte Summe an Geld geliehen wird, das du nach dem Studium an den Kreditgeber **zurückzahlst** oder in den Fonds einzahlst. Sie unterscheiden sich bezüglich Zielgruppe und Zweck erheblich (siehe Überblick in der folgenden Tabelle).

Unser Tipp: Prüfe genau, ob du einen Kredit benötigst. Denn du häufst unter Umständen **viele Tausende Euro Schulden** an, die du nach dem Studium tilgen musst! Zwar gibt es einige Kredite mit günstigen Rückzahlungskonditionen, z. B. von der KfW-Förderbank. Aber trotzdem: **Prüfe immer, ob du mit besseren Möglichkeiten** (Eltern, BAföG, Stipendium) finanziell schon hinkommst.

Überblick über Kreditarten

Kreditart	Geeignet für ...	Höhe in Euro/ Monat	Anbieter (Beispiele)
Studien- kredit	kein BAföG- Empfänger und v. a. in der Prüfungsphase für Lebensunterhalt	bis zu 650 Euro	KfW-Bank (www.kfw.de) Sparkassen u.a. Banken
Bildungs- kredit	ab Zwischenprüfung und für Master-, Ergänzungsstudium; wenn kein BAföG (mehr) oder beson- ders hohe Ausgaben (Studienmaterial, Auslandsaufenthalt)	bis zu 300 (insgesamt 1.000 bis 7.200)	KfW-Bank www.bildungskredit.de
Kredite der Landesförder- banken	auch für BAföG- Empfänger; nur Studiengebühren	z. B. 500 (direkt an die Hochschule)	v. a. Landesbanken der Bundesländer
Bildungs- fonds	Studenten mit guten beruflichen Aussich- ten (Auswahlverfah- ren)	bis zu 1.000; auch Einmal- zahlungen	von Unternehmen finanziert: v. a. private Hochschulen CareerConcept AG

Für wen ist ein Studienkredit geeignet?

Ein Studienkredit deckt bis auf wenige Ausnahmen (siehe die nächste Tabelle) nie deine gesamten Lebenshaltungskosten. Er kann also immer nur ein Teil deiner Finanzierung sein – zusätzlich zum Geld der Eltern, zum BAföG, Stipendium oder Job.

Da man damit hohe Rückzahlungspflichten für die Zeit nach dem Studium eingeht, sollten dich folgende Überlegungen leiten:

- **Wenn es dir ein Studienkredit generell erlaubt, schneller und erfolgreicher zu studieren** (weil du aufs Jobben verzichten kannst), erhöhst du damit auch deine Aussichten auf einen gut dotierten Job? Dann kann ein Studienkredit die richtige Wahl sein, weil eine mehrjährige Belastung zwischen 150 bis 300 Euro an monatlichen Rückzahlungen gut zu bewältigen ist.

▪ **Besonders in den Examensphasen** kann ein Kredit es überhaupt erst ermöglichen, den Lernstoff zu bewältigen.

▪ **Das Gleiche gilt für ein Studium im Ausland:** Dort sind die Möglichkeiten, gleichzeitig zu jobben, beschränkter als im Inland. Hohe Studiengebühren sind außerdem nicht immer über die Eltern zu finanzieren. Wenn du ein Auslandsstudium aus Qualifikationsgründen brauchst, kann hier ein Kredit richtig sein.

7.2.5 Wohngeld

Der Staat fördert Personen (unter bestimmten Einkommensgrenzen) mit einem Zuschuss zur Miete. Von vornherein sind aber **Personen ausgeschlossen, die „dem Grunde nach" Anspruch auf BAföG** haben. Es gibt Ausnahmen. Die erste Voraussetzung ist natürlich immer, dass du Mieter oder Nebenmieter einer Wohnung bist und dort auch Miete zahlst. Dann muss noch eine von **drei Voraussetzungen** gegeben sein, um als Studierender Wohngeld beantragen zu können:

1. **Du bekommst BAföG**, wohnst aber in einer Wirtschaftsgemeinschaft, in der mindestens ein Haushaltsmitglied dem Grunde nach **keinen Anspruch auf** BAföG hat und auch keine anderen Leistungen, wie z. B. ALG II, erhält.

2. **Du bekommst BAföG als Volldarlehen**, also als Abschlusskredit, bei bestimmten Zweitausbildungen und nach dem zweiten Fachrichtungswechsel.

3. **Du bekommst kein BAföG, und zwar weil du**

   ▪ eine Ausbildung machst, die nach dem BAföG nicht förderungswürdig ist (z. B. Teilzeitstudium),

   ▪ die Altersgrenze überschritten hast,

   ▪ die Fachrichtung ohne wichtigen Grund gewechselt hast,

   ▪ ein Aufbau- oder Masterstudium absolvierst, für das die Förderungsvoraussetzungen nicht vorlagen,

   ▪ die Förderungshöchstdauer oder den Zeitrahmen der Studienabschlussförderung überschritten hast.

Unser Tipp: Informiere dich vorher gründlich, was du alles zur Antragstellung einreichen musst. Die Beantragung zieht sich sonst über Monate hin, weil **immer wieder Belege fehlen** usw. Den Antrag erhältst du bei der örtlichen Wohngeldbehörde, der Gemeinde-, Stadt-, Amts- oder Kreisverwaltung.

7.2.6 Kindergeld

Das Kindergeld ist eine **staatliche Unterstützung deiner Eltern**, die sie alternativ zum Steuerfreibetrag für Kinder wählen können. Wenn du studierst, wird es **bis zu deinem 25. Geburtstag gezahlt** (auch während der Zeit zwischen Schule und Studium bis max. vier Monate, für Bundesfreiwilligendienst, ein Aufbau- oder Ergänzungsstudium, das mit Prüfung abgeschlossen wird, und ein Praktikum). Der Bundesfreiwilligendienst verlängert den Zeitraum über das Ende des 25. Lebensjahrs hinaus entsprechend.

Sobald du 18 Jahre alt bist, steht dir die Hälfte des Kindergelds zu, obwohl es wie vorher auch an die Eltern überwiesen wird. Die Eltern müssen einmal im Jahr anhand der Immatrikulationsbescheinigung nachweisen, dass du noch studierst.

Wenn du dich in der Erstausbildung befindest, darfst du seit dem 1.1.2012 **eigene Einkünfte** und Bezüge **in unbegrenzter Höhe** haben. Nur wenn du noch eine zweite Ausbildung oder ein Aufbau- und Ergänzungsstudium absolvierst, darfst du nicht mehr 20 Stunden pro Woche oder nur in einer geringfügigen Beschäftigung arbeiten, damit weiterhin Kindergeld gezahlt wird.

7.3 Gut versichert

7.3.1 Kranken- und Pflegeversicherung

Studierende fallen in der Regel unter die gesetzliche Pflichtversicherung, können jedoch unter bestimmten Voraussetzungen bei den Eltern mitversichert sein. Wer krankenversichert ist, ist in der Regel auch pflegeversichert.

Wann du mit deinen Eltern beitragsfrei mitversichert bleiben kannst

- Du bist **unter 25 Jahre** alt (der Zeitraum verlängert sich um die Dauer des Bundesfreiwilligen-, Wehr- oder Zivildiensts).
- Mindestens ein Elternteil ist in einer **gesetzlichen Krankenkasse.**
- Du verdienst nicht mehr als 400 Euro in einem **Minijob** oder regelmäßig monatlich **375 Euro** in einer normalen Beschäftigung (nach Abzug der Werbungspauschale). BAföG und Unterhaltszahlungen der Eltern zählen nicht zu diesem Einkommen.

Wann du in die Pflichtversicherung fällst (also eine eigene Versicherung brauchst)

- Du bist **älter als 25 Jahre** (zur Verlängerung siehe oben).
- Beide Elternteile sind **privat versichert**.
- Nur **ein Elternteil** ist privat versichert und sein **Einkommen ist regelmäßig höher** als das des gesetzlich versicherten Elternteils (die genaue Einkommensgrenze sagt euch die gesetzliche Krankenkasse des anderen Elternteils).
- Deine Einkünfte **übersteigen 375 Euro** monatlich (Ausnahme: Minijob).

Gesetzliche Krankenversicherung

Bis zum Ende des 14. Fachsemesters und **bis zu deinem 30. Geburtstag** bekommst du bei den gesetzlichen Krankenkassen **einen günstigen Einheitstarif** für Studierende. Unter bestimmten Voraussetzungen verlängert sich der Zeitraum (z. B. Geburt und Erziehung eines Kindes). Einige Krankenkassen bieten auch Rabatte. Die genauen Konditionen erfragst du am besten bei den Kassen selbst.

Wenn du nicht mehr Anspruch auf den Einheitstarif hast, kannst du dich bei deiner Krankenkasse freiwillig versichern und von einem sog. **Übergangstarif** profitieren, der immer noch günstig ist. Wichtig: Rechtzeitig beantragen, da die gesetzlichen Kassen **nur innerhalb von drei Monaten** nach Ablauf der Versicherung verpflichtet sind, dich aufzunehmen. Der Übergangstarif gilt für **maximal sechs Monate** und nur, wenn du **unter 875 Euro** monatlich verdienst.

Natürlich kannst du dich auch **privat versichern**. Hier empfiehlt es sich, Angebote einzuholen und die Bedingungen genau zu prüfen, weil ein späterer Wechsel in eine gesetzliche Kasse nicht einfach ist.

7.3.2 Private Haftpflichtversicherung

Eine private Haftpflichtversicherung (sie heißt in Abgrenzung zur beruflichen Haftpflichtversicherung) solltest du unbedingt haben, denn ein materieller Schaden, den du einem anderen zufügst, kann unter Umständen sehr teuer werden. In der Regel bist du – während der ersten Ausbildung – **bei den Eltern mitversichert**, wenn sie eine solche Versicherung haben. Warst du vor dem Studium berufstätig, **musst du dich selbst versichern**.

7.3.3 Weitere Versicherungen

Berufsunfähigkeitsversicherung, private Unfallversicherung und **Hausratversicherung** sind Ermessenssache: Natürlich profitierst du im Schadensfall davon, sie gehören aber nicht zur notwendigen Minimalabsicherung. Wer z. B. wohlhabende Eltern hat, sollte den Abschluss einer Berufsunfähigkeitsversicherung erwägen.

7.4 Billiger geht's immer

Deine Ausgaben kannst du reduzieren, indem du alle Vergünstigungen für Studierende in Anspruch nimmst. In der folgenden Tabelle siehst du die wichtigsten in alphabetischer Reihenfolge (Stand Juli 2012).

Vergünstigungen für Studierende

Bank	Bis zum 27. bzw. 30. Geburtstag kannst du ein **kostenloses Giro-konto** einrichten und bekommst in den meisten Fällen die EC-Karte und sogar eine Kreditkarte kostenlos dazu.
Computer und Software	Zahlreiche Händler verkaufen bei Vorlage der Immatrikulations-bescheinigung v.a. Notebooks, Zubehör und Software zu günsti-geren Preisen an Studierende: **Direktanbieter** wie Apple oder Sony oder **Online-Shops** (z. B. www.campusdiscount.de, www.educheck.de). Software, v. a. im Open-Source-Bereich, gibt es auch zum kostenlosen Download. Überblick: www.pcwelt.de oder www.heise.de.
Fahren und Reisen	In vielen Städten gibt es ein günstiges **Monatsticket** für Studie-rende, das in der Regel Fahrten mit Bus, U- und S-Bahn umfasst. Geld sparen lässt sich auch bei **Mitfahrzentralen**, mit Fahrge-meinschaften oder mit Studententarifen von Mietwagenanbietern. Die Deutsche Bahn bietet eine verbilligte **BahnCard 25 und BahnCard 50** sowie Wochen- und Monatstickets für die Fahrten zwischen Wohn- und Studienort bis zu einer bestimmten Alters-grenze. Wenige Fluggesellschaften haben Studententarife, z. B. die Lufthansa (allerdings nicht online, sondern über Reisebüros). Es gibt aber einige **Reiseportale** mit Angeboten **für Studierende**, z. B. • **www.travel-overland.de:** vor Ort über eine Filiale buchbar; • **www.intersky.biz:** für 1 Euro zuzüglich (!) Steuern, Gebüh-ren und Abgaben zwischen Friedrichshafen, Wien, Graz, Ber-lin, Hamburg und Düsseldorf fliegen; • **www.statravel.de:** ein großes Reiseportal für Studierende. Allerdings sind nicht immer alle Angebote günstiger als die Bil-ligflieger. Manchmal sind die Flugpreise ähnlich, Studierende bekommen aber Sonderkonditionen, z. B. freie Umbuchung.
GEZ-Gebüh-ren	Deinen Fernseher und/oder dein Radio musst du bei der Gebüh-reneinzugszentrale anmelden und dafür zahlen. In einer WG übri-gens jeder WG-Bewohner seine eigenen Geräte!

Der neue Rundfunkstaatsvertrag (ab 1.1.2013) regelt, dass die Gebühren nicht mehr pro Kopf und Gerät berechnet werden, sondern pro Haushalt. **Befreiung von den Gebühren** ist zurzeit (und voraussichtlich auch weiterhin) möglich, wenn du

- **BAföG bekommst** und **nicht** bei den Eltern wohnst.

- **bei den Eltern wohnst** und diese ein/mehrere Gerät/e angemeldet haben, aber nur wenn dein eigenes Einkommen unter dem Sozialhilferegelsatz für Haushaltsangehörige liegt.

- ein **Stipendium** hast (Härtefallantrag bei der GEZ stellen).

Kultur	Kino, Theater, Kunst – für viele kulturelle Veranstaltungen ist der Eintritt für Studierende verbilligt, bei Vorlage des Studentenausweises. Also stecke ihn in deinen Geldbeutel, damit du ihn immer dabei hast. Übrigens: Manche Veranstalter oder Organisationen preisen den Studententarif bloß nicht explizit an. Danach zu **fragen**, lohnt sich!
Lesen	Die meisten Zeitungen und Zeitschriften bieten ein **Studentenabo** an. Portale für den Überblick sind z. B. www.abo-direkt.de (hier bekommst du viele **Testabos**) oder der Aboshop der Deutschen Post: www.leserservice.de.
Shoppen	Bei Anbietern von speziellen „**Kundenkarten**" für Studenten, wie beispielsweise der card4students erhältst du mit nur einer Karte Rabatte im in Bars und Cafés, im Einzelhandel, bei Fitnesscentern, Friseuren, Tanzschulen oder bei Autovermietern sowie in über 300 Online-Shops (**ohne Punktesammeln**): www.card4students.de.
Sport	In der **Hochschulsportgruppe**, im Verein oder im Schwimmbad – es gibt zahlreiche Vergünstigungen. Aber auch Passivsportler können billiger genießen, denn selbst **Erstligavereine** bieten Studententarife (aber nicht alle!).
Telekommunikation	Alle großen Mobilfunkunternehmen bieten spezielle **Pakete** für Studierende oder einfach nur mit Altersbeschränkung. Bei vielen gibt es zusätzlich Vergünstigungen, wenn du **online kaufst** (auch Handys oder Smartphones) statt im Laden vor Ort.

Den **Sozialtarif** der Telekom kannst du beantragen, wenn du BA-föG beziehst oder von der GEZ-Gebühr befreit bist. Allerdings gilt er nicht für Komplettpakete mit Flatrate. Unter Umständen letzteres dann doch günstiger.

Urlaub Zum Wohnen im Urlaub gibt es die Jugendherbergen (Ausweis unter www.djh.de beantragen) oder die zahlreichen Jugendhostels in aller Welt. Eine ungewöhnliche Urlaubswohnform ist das internationale Gastfreundschaftsnetzwerk **www.couchsurfing.org**, dessen Mitglieder aus aller Welt sich gegenseitig zu Hause wohnen lassen.

Internationaler Studentenausweis: Mit der **ISIC** (International Student Identity Card) bekommst du in über 110 Ländern rund **40.000 Verbilligungen**, z. B. für Museumseintritte, Flüge und vieles mehr. Du beantragst sie unter Vorlage einer Immatrikulationsbescheinigung, deinem Ausweis und einem Passfoto bei deinem Studentenwerk, aber auch **online** bei Anbietern wie www.statravel.de. Kostet jährlich 12 Euro.

7.5   Schöner wohnen

Beispiel: Kontaktbörse Wohnheim

Sebastian, 10. Semester Maschinenbau:
„Der **Kontakt zu älteren Semestern** war für mich sehr wichtig. Man kann sie zu Profs, Dozenten, Prüfungen und allerlei anderem befragen. Für mich war **das Wohnheim in dieser Hinsicht klasse**, denn da bekommt man automatisch Kontakt. Auch Veranstaltungen von der Fachschaft, Hochschulsport oder Studentenpartys usw. sind gute Gelegenheiten, um ältere Semester kennenzulernen."

Eltern, WG oder Studentenwohnheim? Manche können das – meist aus Kostengründen – gar nicht selbst entscheiden. Trotzdem lohnt es sich, einen Blick auf die Vor- und Nachteile jeder Wohnform zu werfen und sich vorher zu überlegen, wo man sich am wohlsten fühlen und genug Zeit zum Lernen haben wird.

Vor- und Nachteile von Wohnformen

Kriterium	Bei den Eltern	Studenten-wohnheim	WG	Eigene Wohnung
Kosten (niedrig)	★ ★ ★ ★ ★	★ ★ ★ ★	★ ★ ★	★
Selbstständigkeit	★	★ ★ ★	★ ★ ★ ★	★ ★ ★ ★ ★
Ruhe (Lernen)	★ ★ ★ ★	★	★ ★ ★	★ ★ ★ ★ ★
Sozialkontakte	★ ★	★ ★ ★ ★ ★	★ ★ ★ ★	★ ★ ★

Welcher Wohntyp bist du?

Es lassen sich je nach Persönlichkeit **vier Grundtypen** unterscheiden:

1. **Der Eltern-Typ:** Du verstehst dich mit deinen Eltern gut und sie **mischen sich nicht allzu viel in dein Leben ein.** Idealerweise studieren auch einige Schulfreunde an der gleichen Hochschule. Du hast einen eigenen, nicht zu kleinen Raum. Dass deine Mutter deine Wäsche wäscht, findest du klasse, du weißt aber, dass auch Mütter mal genug haben.

2. **Der Wohnheim-Typ:** Du feierst gerne und/oder bist **ungern alleine.** Der allzeit mögliche persönliche Austausch ist dir sehr wichtig. Trotzdem bist du so eigenständig, dass du dich **in Lernphasen gut zurückziehen** kannst. Deine Toleranzschwelle in Bezug auf Lärm ist hoch.

3. **Der WG-Typ:** Auch du feierst gerne, musst aber nicht jeden Tag Remmidemmi haben. Du lebst lieber in einer kleinen Gemeinschaft als alleine oder in einer „Massen-WG" wie dem Wohnheim. Du magst es, **dich auf fremde Menschen einzulassen**, die zum Teil auch völlig anders leben als du.

4. **Der Eigene-Wohnung-Typ:** In deinen eigenen vier Wänden kannst du **tun und lassen, was du willst.** Du brauchst **absolute Ruhe beim Lernen** und willst selbst bestimmen, wann du Kontakt zur Außenwelt aufnimmst. Du kannst gut alleine sein, **ohne dich gleich einsam zu fühlen.** Oder du hast einen festen Partner und/oder Kinder. Und natürlich: Du kannst es dir leisten.

Was tun bei Schwierigkeiten?

Wenn du dich nach einigen Monaten **überhaupt nicht wohlfühlst, such dir etwas anderes!** Etwa, wenn du ständig mit den Eltern im Clinch liegst, sich WG-Konflikte nicht lösen lassen oder du in deiner Wohnung vereinsamst. Denke nicht: „Ist ja eh nur für drei Jahre." Sich zu Hause **wohl und entspannt zu fühlen**, ist ein wesentlicher **Erfolgsfaktor** fürs Studium.

Themenvertiefung
Auf unserer Website und in unserem Newsletter findest du in den nächsten Wochen und Monaten u. a. mehr zu folgenden Themen:
– Bei Schwierigkeiten im Studium – was passiert mit meiner Förderung?
– Mein Weg zum Stipendium und Auslandsstipendium
– Konflikte in der WG meistern
Den Newsletter kannst du abonnieren unter:
www.oldenbourg-verlag.de und www.akademie-verlag.de

8 Übungen und Checklisten

8.1 Team- und Kreativitätsspiele

Diese Übungen eignen sich zur Persönlichkeits- und Teamentwicklung (z. B. für Seminarteilnehmer, Lerngruppen), sind den Büchern „Kreativer denken" und „Schlüsselkompetenzen spielend trainieren" von Prof. Dr. Anne Brunner entnommen und in gekürzter Fassung dargestellt. Viel Spaß beim Ausprobieren!

Übung 1: Flip-Flop

Eine **Fragestellung wird ins Gegenteil verkehrt**, beispielsweise: „Wie können wir es verschlechtern (statt verbessern)?" Dann werden Ideen gesammelt und danach werden diese Ideen wieder umgedreht, also ins Positive gewendet.

Nutzen der Übung

- Die übliche Bedeutung von Wörtern oder Fragen kann unser Denken blockieren. **Einfache Veränderungen stimulieren das Denken**.
- Impulse für Verbesserungen, für mentale „Sackgassen", Ideenvielfalt vergrößern, Blickfeld erweitern
- Teamentwicklung, Verbesserung des sozialen Klimas und der Teamkultur

Wie es geht

1. **Die Fragestellung formulieren**, z. B. „Wie können wir unser Image **verbessern?**" Dann ins Gegenteil verkehren bzw. auf den Kopf stellen, z. B. „Wie können wir unser Image **verschlechtern?**" (Weitere Beispiele: Wie können wir die Qualität mindern? Wie können wir den Ablauf komplizierter machen? Was können wir tun, um weitere Kunden zu verlieren? Was können wir tun, damit die Mitarbeiter noch unzufriedener werden?)
2. **Ideen zur Beantwortung der Frage sammeln**: Jeder Teilnehmer (TN) darf frei assoziieren, z. B. „fachlich keine Ahnung haben" usw.
3. Jede Idee **wieder ins Positive umkehren**: Wie heißt das Gegenteil davon? Also z. B. „regelmäßige Fortbildung, die der Arbeitgeber finanziert."

(nach: Brunner, 2008, S. 150 ff.)

Übung 2: Stille Post: Zuhören

Die Teilnehmer erzählen sich nacheinander eine Geschichte und beobachten, was am Ende dabei herauskommt.

Nutzen der Übung

- Kommunizieren, genau zuhören, präzise sprechen, frei sprechen
- Sich in andere (Nicht-Wissende) hineinversetzen, Empathie
- Spontan reagieren, über seinen Schatten springen, über sich selbst lachen
- Erleben, wie mehrdeutig scheinbar „eindeutige" Botschaften sein können und wie schnell Missverständnisse entstehen
- Erleben, wie Information reduziert, verdichtet, verändert wird
- Erleben, was Informationsweitergabe gefährdet: mehrdeutig, lückenhaft, unklare Zusammenhänge
- Erfahren, wie wichtig Rückfragen und Rückmeldungen sind („Wie hast du das gemeint?" „Kannst du das noch mal erklären"?) und wie wichtig Wiederholungen und Anschaulichkeit sind, um ein bestimmtes Ergebnis sicherzustellen
- In der Praxis wichtig für Vorträge, Meetings, Anweisungen

Wie es geht

1. Die Gruppe verlässt den Raum, **bis auf 2 Teilnehmer** (TN).
2. Die 2 Teilnehmer sitzen sich gegenüber. Der Spielleiter (SL) liest dem Zuhörer (TN1) eine **kurze Geschichte** vor, die ca. 3 Minuten dauert. TN1 hört still zu. Er darf **weder sprechen noch nachfragen**.
3. SL holt einen weiteren TN (TN2) herein. TN1 erzählt TN2 die Geschichte, so wie er sich an sie erinnert. TN2 hört still zu.
4. SL holt einen weiteren TN (TN3) herein. TN2 erzählt TN3 die Geschichte. TN3 hört still zu. Dies geht so weiter, bis alle TN einmal die Geschichte gehört haben und wieder im Raum versammelt sind.
5. Der letzte TN erzählt allen die Geschichte, so wie er sich an sie erinnert.
6. Der SL **liest das Original vor**. Die Ergebnisse vergleichen und reflektieren.

(nach: Brunner, 2010, S. 263 ff.)

Übung 3: Hutwechsel-Methode

Eine Methode von Edward De Bono (Mediziner und einer der führenden Kreativitätsexperten), die **ein beliebter Klassiker** in großen Firmen, z.b. in den USA oder in Japan, ist. Systematischer Rollenwechsel: Ein Thema wird unter sechs Aspekten untersucht. Diese werden durch **sechs Hüte bzw. Farben** symbolisiert. Mit jeder Farbe nehmen alle TN gleichzeitig eine bestimmte Rolle ein, die für eine bestimmte Denkhaltung steht. Danach wird die Rolle gewechselt.

Nutzen der Übung

- Trainiert flexibles Denken und kreative Kompetenz
- Lenkt auf einen kreativen, produktiven Dialog, gemeinsam Strategien erforschen, statt auf Standpunkten zu beharren
- Klare Trennung zwischen Persönlichkeit und Denkleistung
- Raum für positives und kreatives Denken geben, das im üblichen Gedankenfluss und in Diskussionsbeiträgen zu kurz kommt

Wie es geht

Eine Fragestellung formulieren (z.B. Aufgabe, Vorhaben, Problem, Produkt, Konzept, Planung, Strategie). Es gibt **sechs Farben bzw. Hüte.** Alle tragen zur selben Zeit die gleiche Farbe bzw. den gleichen Hut. Dieser steht für einen bestimmten Denkmodus, den alle TN einnehmen. Jeder Hut wird nach etwas vier bis zehn Minuten gewechselt, dann wechseln die TN auch den Denkmodus.

1. **Weiß („Nur die Fakten, bitte!"):** Wie ein weißes Blatt Papier; neutral, Informationen sammeln. **Typische Fragen:** Über welche Informationen verfügen wir? Welche fehlen uns? Welche möchten wir uns beschaffen? Wie kommen wir heran? Wer, wie, wann, was, wo, wie viel, welche?

2. **Gelb („Konzentration auf die Vorteile"):** Wie der Sonnenschein; optimistisch, positive (und dennoch logische) Sichtweise, versuchen, es zu realisieren und umzusetzen, Vorteile suchen. **Typische Fragen:** Was spricht dafür? Welche Vorteile hat das? Was würde es nützen? Welche Chancen liegen darin? **Typische Formulierungen:** Es könnte erfolgreich sein, wenn … Ein Vorteil läge darin, dass … Es würde uns dabei helfen, zu …

3. **Grün („Bewegung statt Beurteilung"):** Wie Vegetation, Wachstum; kreativ denken und handeln, Ideen und Alternativen suchen, Hypothesen entwi-

ckeln, mental bewegen. **Typische Fragen:** Welche Idee wäre besonders originell? Gibt es Alternativen? Lässt es sich auch anders erreichen? Könnte es eine andere Erklärung geben? Was schlagen Sie vor?

4. **Schwarz („Risiken"):** Wie ein „Richter in schwarzer Robe", zur Vorsicht mahnen; daran hindern, Fehler oder Dummheiten zu machen; kritisch Stellung nehmen; aufzeigen, warum es nicht geht, warum es keinen Gewinn oder Nutzen bringt. **Typische Fragen:** Welche Risiken und Schwierigkeiten könnten sich ergeben? Welche Bedenken bestehen? **Typische Formulierungen:** Das verstößt gegen die Bestimmungen … Uns fehlt die Kapazität… Wir haben es schon versucht, und es hat nichts gebracht … Wir haben keine Erfahrung damit …

5. **Rot („Intuition und Ahnungen"):** Wie Feuer, Wärme; Gefühle zeigen, Emotionen zulassen, Empfindungen äußern, intuitiv vorgehen, auf das „Bauchgefühl" achten. **Typische Fragen:** Welche positiven oder negativen Eindrücke oder Gefühle werden geweckt? Was spürt oder fühlt man? Was sagt der Instinkt? **Typische Formulierungen:** Ich habe kein gutes Gefühl, wenn ich daran denke, dass … Mein Instinkt sagt mir, dass … Irgendetwas gefällt mir daran nicht … Ich spüre, dass … Ich empfinde das als …

6. **Blau („Die richtigen Fragen stellen"):** Wie Himmel, Vogelperspektive; den Überblick haben, übergeordnete Strukturen sehen, objektiv prüfen, auf den nächsten Denkschritt hinweisen, um Zusammenfassung bitten, Schlussfolgerung und Entscheidung anregen, über den Denkprozess nachdenken, ihn steuern und organisieren. **Typische Fragen:** Was kann man daraus folgern? Wie können die Ergebnisse zusammengefasst werden? **Typische Formulierungen:** Wir haben schon viel Zeit verloren, indem wir einen Sündenbock gesucht haben … Ich denke, wir sollten jetzt versuchen, Prioritäten zu setzen … Ich schlage vor, jetzt den weißen Hut aufzusetzen, um …

Was zu beachten ist

De Bono weist darauf hin, dass die Hüte keine Persönlichkeitsbeschreibungen darstellen. Es sind also keine Schubladen, in die man Personen hinein schieben kann. Die Hüte stehen vielmehr für ein Denkverhalten, dass man einüben und jederzeit verändern kann. De Bono empfiehlt, eine spielerische Haltung einzunehmen: man schlüpft eine zeitlang in eine bestimmte Rolle, die man nach wenigen Minuten wieder verlässt.

(nach: Brunner, 2008, S. 174 ff.)

8.2   Die 40 wichtigsten Grundregeln der Rhetorik

Gekürzter Auszug aus: Vogt, 2010, S. 277 ff.

Sprechstil

1. Eine Rede ist keine Schreibe.
2. Sprechen Sie stets **verständlich** und bilden Sie **kurze Sätze**.
3. **Kerngedanken** gehören immer in einen **Hauptsatz**. Nebensätze verwenden wir für weniger wichtige Gedanken.
4. Hüten Sie sich vor der **Substantivitis**. Beseelen Sie Ihre Sprache durch das **Verb**. Benutzen Sie es vor allem dann, wenn Sie eine Handlung schildern. Drücken Sie Handlungen im **Aktiv** aus und seien Sie zurückhaltend mit dem Passiv.
5. Sprechen Sie möglichst in der **Gegenwartsform**.
6. Blähen Sie Ihre Sprache nicht unnötig durch Füllwörter auf.
7. Sprechen Sie möglichst natürlich und sachlich.
8. Gehen Sie sparsam um mit Fremdwörtern und Fachausdrücken.
9. Benutzen Sie **bildhafte Ausdrücke**, veranschaulichen Sie einen Sachverhalt durch Beispiele und Abstraktes durch Vergleiche.
10. Setzen Sie hin und wieder das Instrument der rhetorischen Frage ein.

Sprechtechnik

11. Sprechen Sie nicht dauerhaft zu laut und zu hoch. **Wechseln Sie gelegentlich die Lautstärke sowie die Tonhöhe** (von tiefer zu höher), um Ihren verbalen Ausdruck zu steigern. Hüten Sie sich aber vor Übertreibungen!
12. Sprechen Sie im Allgemeinen **dialektfrei**. Aber auch die Hochsprache mit bodenständiger Klangfarbe ist in der Regel unbedenklich.
13. Vermeiden Sie die drei Unarten sprachlicher Betonung: nicht betonen, alles betonen, falsch betonen. Sprechen Sie vielmehr **sinnvoll betont**, d. h. geben Sie jedem Gedanken nur einen Ausdrucksschwerpunkt. Dieser sollte in der Regel der jeweilige Sinnträger sein.
14. Verändern Sie hin und wieder die **Sprechgeschwindigkeit**.
15. Machen Sie **Sprechpausen**, und zwar an den jeweiligen Sinnabschnitten.

Körpersprache

16. Wählen Sie eine **offene Körperhaltung**: Arme und Hände dürfen keine Barriere bilden. Stehen Sie aufrecht und achten Sie auf einen **festen Stand** (beide Füße in vollem Bodenkontakt). Winkeln Sie bei Ihrer Ausgangsstellung beide Arme oberhalb der Gürtellinie an: Die Armhaltung sollte locker und natürlich sein.

17. **Gesten** müssen **inhaltlich sowie zeitlich stimmig** sein, d. h. dem Sinn der verbalen Aussage entsprechen sowie dem gesprochenen Wort vorausgehen. Studieren Sie keine Gesten ein! Die optimale Frequenz des gestischen Einsatzes ist stark **persönlichkeitsgebunden** und hängt in erster Linie vom Naturell des Sprechers ab. Vermeiden Sie jedoch Übertreibungen und lassen Sie Ihre Körpersprache umgekehrt nicht ganz verstummen!

18. Wählen Sie einen **souveränen körpersprachlichen Ausdruck**. Vollführen Sie Ihre Gebärden nicht hastig und unkontrolliert, sondern **ruhig und bestimmt**! Führen Sie Ihre Gesten nicht bloß ansatzweise aus, sondern vollständig. Seien Sie vorsichtig mit allzu dominanten und aggressiven Gesten.

19. Verschaffen Sie sich Sympathie durch eine **freundliche Mimik**, nämlich einen lockeren und entspannten Gesichtsausdruck. Auch die Mimik sollte mit dem Sinn der verbalen Botschaft übereinstimmen und geht ihr zeitlich voraus.

20. Nehmen Sie beim Sprechen **Blickkontakt mit allen Anwesenden** auf. Bei einem Massenpublikum genügt es, den Augenkontakt auf einzelne, möglichst gleichmäßig im Raum verteilte Personen zu beschränken. Der Blickkontakt sollte rund **drei bis fünf Sekunden** dauern. Wechseln Sie den Blick nicht ruckartig, sondern lassen Sie ihn langsam umherschweifen.

Aufbau einer Rede

21. Beginnen Sie mit einer **Stoffsammlung** und gliedern die Rede dann nach dem Fünfsatz oder in der klassischen Form: **Einleitung – Hauptteil – Schluss.**

22. Erschlagen Sie den Zuhörer nicht mit einer Flut von Gedanken. Beschränken Sie sich vielmehr **auf einige wenige Grundaussagen**. Grenzen Sie die Kernpunkte zudem klar voneinander ab.

23. **Wecken Sie in der Einleitung Interesse,** z. B. mit einem aktuellen Aufhänger, einem persönlichen Erlebnis, einer praktischen Demonstration oder einer bewussten Provokation.

24. Bringen Sie **überzeugende Argumente:** Gründe und Annahmen sind wahr, die Gründe besitzen eine hohe Relevanz und die Schlussfolgerung ist gültig. Beginnen Sie mit einem kräftigen Argument und bringen Sie das stärkste am Ende.

25. Achten Sie auf **einen wirksamen Schluss:** In einem Sachvortrag besteht er aus einem einprägsamen Hauptsatz (einer Zusammenfassung oder einem Zitat).

Mit dem Beamer präsentieren

26. Minimieren Sie das Risiko technischer Pannen, indem Sie vorher testen, ob alle Geräte funktionieren.

27. Verwenden Sie für **jeden neuen Gedankengang eine eigene Folie.** Die Inhalte müssen gut erkennbar sein.

28. Seien Sie zurückhaltend bei reinen Textinformationen: Stellen Sie **keine Volltexte** dar, sondern Stichworte.

29. Erklären Sie dem Publikum komplexere Folien wie z. B. Grafiken mündlich.

30. Pflegen Sie **einen direkten Dialog,** indem Sie Aufforderungssätze einbauen, rhetorische Fragen stellen und mögliche Gedanken der Zuhörer aussprechen!

Die freie Rede

31. Sprechen Sie möglichst frei. Das bedeutet i.d.R. **Sprechen nach Stichworten.**

32. Erstellen Sie ein klar gegliedertes Stichwortkonzept auf **Karteikarten** oder DIN-A4-Blättern.

33. Formulieren Sie Ihre Sätze erst während des Vortrags konkret aus.

34. **Sollte der gedankliche Film reißen,** suchen Sie nicht krampfhaft nach dem roten Faden.

35. Schlagen Sie die Brücke nach hinten, und **wiederholen Sie eine Äußerung.**

Redeangst und Lampenfieber in den Griff bekommen

36. Stellen Sie **keine zu großen Erwartungen** an sich selbst.

37. Bereiten Sie sich **gründlich** vor.

38. Verbessern Sie Ihre rhetorischen Fähigkeiten.

39. **Halten Sie so oft wie möglich Reden** vor mehreren (auch unbekannten) Personen.

40. **Entspannen Sie sich** durch Techniken wie Atemübungen, progressive Muskelentspannung, autogenes Training etc.

8.3   Katalog der Bewertungskriterien für wissenschaftliche Arbeiten

Gekürzter Auszug aus: Bänsch/Alewell, 2009, S. 93 ff.

Fragestellung

- Ist die Fragestellung **klar** formuliert? Ist die Fragestellung **themenadäquat**, d. h. bezieht sie sich ausschließlich auf das vorliegende Thema?
- Ist die Fragestellung dem Typ der jeweiligen wissenschaftlichen Arbeit adäquat, d. h. schöpft sie das Thema **hinsichtlich Breite und Tiefe** in der Form aus, die z. B. bei einer Seminar-, Bachelor- oder Masterarbeit gefordert wird?

Behandlung der Fragestellung

- Zeigen die Ausführungen **themenfremde** und/oder in der dargebotenen Breite **nicht themennotwendige** Passagen?
- Werden **zum Thema gehörende Fragen** gar nicht/nur partiell behandelt?
- Werden **Argumentations-/Beweisketten** entwickelt (oder werden Behauptungen aufgestellt, Mutmaßungen und/oder Spekulationen unterbreitet)?
- Sind die entwickelten Argumentations-/Beleg-/Beweisketten **lückenlos** und in sich **widerspruchsfrei**?
- Welche **Stärke** zeigen die einzelnen Kettenglieder im Sinne von überzeugend/ beweiskräftig versus fragwürdig/ zweifelhaft?
- Werden in Relation zu dem zu demonstrierenden wissenschaftlichen Niveau ‚**Selbstverständlichkeiten/Trivialitäten**' ausgebreitet (z. B. Grundstudiums-'Erkenntnisse' in einer Masterarbeit)?
- Gibt es ungerechtfertigte **Wiederholungen**?

Ergebnisse

- Sind die Ergebnisse **klar** formuliert und in sich **widerspruchsfrei**?
- **Harmonieren** die Ergebnisse mit der Fragestellung?
- Erscheinen die Ergebnisse ‚wie die Kaninchen aus dem Zauberhut' oder **als folgerichtige Schlussglieder** von Argumentations-/Beleg-/Beweisketten?

Definitionen, Prämissen, Untersuchungsdesigns

- Sind alle definitionspflichtigen **Begriffe klar und problemstellungsgemäß** gefasst und konsequent durchgehalten?

- Sind **Unterschiede** in den Definitionen verschiedener Literaturquellen bei Literaturbezügen **korrekt berücksichtigt?**

- Sind alle verwendeten **Prämissen** und im Laufe der Arbeit vollzogenen Änderungen der Prämissen jeweils **klar** angezeigt?

- Wurden **Unterschiede** in den Prämissen bei Bezügen auf **unterschiedliche Quellen der Literatur** beachtet?

- Ist im Falle eigener **empirischer Untersuchungen** das jeweilige Untersuchungs- und Auswertungsdesign **klar und vollständig** offengelegt?

- Ist bei Bezugnahmen auf empirische Untersuchungen anderer Wissenschaftler **deren Design** verständig berücksichtigt?

Stil und Sprachregeln

- Ist die Arbeit in ihrer Wortwahl und **Ausdrucksweise eindeutig**, verständlich, prägnant und treffend?

- Sind die einzelnen **Sätze klar, inhaltlich aussagefähig** und in sich logisch?

- Sind die Satzverknüpfungen sprachlich und logisch korrekt, spiegeln die Satzfolgen in lückenloser Form dem Untersuchungsziel adäquate Gedankenabläufe?

- Liegen Verstöße gegen die Regeln zur **Rechtschreibung, Grammatik** oder **Zeichensetzung** vor?

Literaturbearbeitung und Zitierweise

- Wurde angemessene **Literatur in gebührendem Umfang** herangezogen?

- In welchem Umfang spiegelt sich die im **Literaturverzeichnis** ausgewiesene Literatur tatsächlich im Text der Arbeit?

- Wurde die Literatur **korrekt** (ohne Verfälschungen, auf letztem Stand, primär) **ausgewertet?**

- In welchem Grade und auf welchem Niveau ist **kritische Auseinandersetzung** mit der Literatur zu registrieren?

- Ist die Zitierweise **adäquat** (unnötiges Zitieren, Ausmaß wörtlichen Zitierens)?

- Ist die Zitierweise **korrekt** (eindeutige Erkennbarkeit übernommenen und eigenen Gedankengutes, Vollständigkeit der Angaben zu den einzelnen Quellen, kein Plagiat)?

Gliederung

- Ist die Gliederung **formal korrekt** (konsequente Klassifikation, tatsächliche und vollständige Untergliederung, richtige Zuordnung von Ober- und Unterpunkten, Reinheit der Kriterien der Untergliederungen, angemessene Gliederungstiefe)?

- Ist die Gliederung in allen Teilen und insgesamt **inhaltlich verständlich** und in Bezug auf das Thema **aussagekräftig**?

Eigenständigkeit

- Enthält die Arbeit **Eigenleistungen** in Form eigener Ansätze, zeigt sie die Umsetzungen eigener Ideen? Auf welchem Niveau liegen diese Eigenleistungen? Wie treffend/abgesichert erweisen sie sich?

- Werden **Literaturlücken registriert** und zu schließen versucht?

- Werden Widersprüche und **fragwürdige Aussagen in der Literatur** herausgearbeitet, kommentiert und ggf. aufgelöst?

- Zeigt die Arbeit Eigenständigkeit hinsichtlich des **Konzeptes der Problembearbeitung**, der Darstellung/Illustration, der Verdichtung und Verknüpfung des gesammelten Materials sowie der Texte zur Wiedergabe/Kommentierung der Literatur?

Darstellungen und Verzeichnisse

- Sind die Darstellungen (Abbildungen, Tabellen) **korrekt durchnummeriert** und inhaltlich bezeichnet?

- Wurden die erforderlichen **Verzeichnisse** (Inhalts-, Abkürzungs-, Symbol-, Darstellungs-, Literatur-/Quellenverzeichnis) korrekt angelegt und an der jeweils richtigen Stelle der Arbeit platziert?

Reinschrift

- Sind das Deckblatt, die Textvorlaufseiten, alle Textseiten und die Textnach-laufseiten in richtiger **Aufteilung** (Rand, Zeilenabstände) gut **lesbar** (Größe, Konturierung) gestaltet und in richtiger Form **nummeriert** (vor erster Text-seite: lateinische Ziffern; ab erster Textseite: arabische Ziffern)?

- Wurde die eventuell vorgegebene **Seitenzahl** eingehalten?

- Ist die eventuell geforderte **eidesstattliche Erklärung** korrekt verfasst, datiert und eigenhändig mit Vor- und Zunamen auf allen einzureichenden Exemplaren unterschrieben?

9 Verwendete Literatur: Bücher aus dem Oldenbourg Verlag

Bänsch, Axel/Alewell, Dorothea: Wissenschaftliches Arbeiten. 10., verbesserte und erweiterte Auflage, München 2009. ISBN 978-3-486-59090-6. Euro 17,80.

Brunner, Anne: Kreativer denken. Konzepte und Methoden von A-Z. München 2008. ISBN 978-3-486-58562-9. Euro 24,80.

Brunner, Anne: Schlüsselkompetenzen spielend trainieren. Teamspiele von A-Z. München 2010. ISBN 978-3-486-58975-7. Euro 34,80.

Burchert, Heiko/Sohr, Sven: Praxis des wissenschaftlichen Arbeitens. Eine anwendungsorientierte Einführung. 2., aktualisierte und ergänzte Auflage, München 2008. ISBN 978-3-486-58648-0. Euro 22,80.

Plümper, Thomas: Effizient schreiben. Leitfaden zum Verfassen von Qualifizierungsarbeiten und wissenschaftlichen Texten. 3., vollständig überarbeitete Auflage, München 2012. ISBN 978-3-486-71365-7. Euro 24,80.

Vogt, Gustav: Erfolgreiche Rhetorik. Faire und unfaire Verhaltensweisen in Rede und Gespräch. 3., vollständig überarbeitete Auflage, München 2010. ISBN 978-3-486-59737-0. Euro 29,80.